生涯収入を最大化する

「就活の技法」

森田 昇
MORITA Noboru

日本能率協会マネジメントセンター

はじめに

就活とは、生涯収入最大化のための投資期間である

就活生の皆さん、突然ですが、こんな悩みや不安がありませんか？

- 好きなことは特にないし、やりたい仕事も成し遂げたいこともない。
- 自分の強みがわからないし、活かせる仕事なんて想像できない。
- 適性もわからないし、どんな仕事が向いているか不安だ。
- 価値観に沿った仕事を探したくても自分の価値観が定まらない。
- だから、就活先がわからない。

この本は、そんな悩みや不安を抱えている「普通の就活生」向けの本です。まだ冒頭ではありますが、先に、就活でもっとも重要なことをお伝えします。

「就活とは、生涯収入最大化のための投資期間である」

投資とは、資産運用の方法の1つであり、お金を増やす手段。一般的には、資産を何十年と運用して数千万円の利益を目指していくものです。しかし、就活は長くても1年前後。それも必要な投資は己の時間と労力のみであり、金銭的にはせいぜい交通費だけ。この1年間の就活に本気を出すだけで、生涯収入に数千万円、下手したら数億円もの差を生み出すことができる、最高にタイパとコスパが良い投資方法です。

それも、大学名は関係なく、大卒であれば同じスタートラインから頑張った分だけ、これからの生涯賃金やキャリアの選択肢まで増やせる機会となり得るものです。お金の投資とは違い、

・失うものは何もない。
・まったくのノーリスク。
・これまで受験戦争を勝ち抜いてきた学校歴最上位層にも追いつける。

と、これまでの20数年間の人生も逆転できる素晴らしい投資です。

表1 | 平均生涯賃金の差

男性		企業規模		
		10〜99人	100〜999人	1,000人以上
学歴	高校卒	約2.07億円	約2.38億円	約2.84億円
	高専・短大卒	約2.13億円	約2.35億円	約2.87億円
	大学卒	約2.22億円	約2.61億円	約3.21億円

女性		企業規模		
		10〜99人	100〜999人	1,000人以上
学歴	高校卒	約1.51億円	約1.75億円	約2.09億円
	高専・短大卒	約1.85億円	約1.94億円	約2.24億円
	大学卒	約1.98億円	約2.28億円	約2.62億円

出所：労働政策研究・研修機構『ユースフル労働統計2020』より抜粋

実際に、男性・女性共に入社した企業によって平均生涯賃金が大きく異なります。その差、約1億円。もっとも平均生涯賃金が高くなるのが、企業規模「1，000人以上」かつ、学歴「大学卒」の母集団であり、男性の平均生涯賃金は約3・21億円、女性は約2・62億円に達しています（※表1）。

たった1年間の就活の結果で、年収が高い会社から内定をもらうことができれば、40年後に約1億円もの差になってリターンされる。これほどまでに元手をかけず成果の出る投資が他にあるでしょうか？　ありませんよね。タイパとコスパ、最高です。

なるほど、わかった。だったら従業員が多い大企業へ入ればいいんだな。1万人を超えるメガバンクや商社、グローバルメーカー等であれば30代で年収1，000万円になるし、国内外問わない異動を了承すれば年収2，000万円も夢じゃない。日本人の給与所得者の平均年収が約458万円（国税庁「令和4年分 民間給与実態統計調査」より）だから、この年収の差を埋めるには新NISA等の地味な長期投資では困難極まりない。うん、1年間の就活という名の投資、頑張ります！

…残念ながら、これでは良い投資にはなりません。首尾よく大企業から内定を得られて入社できたとしても、残りの数十年間、ずっと働き続けられるとは限らないからです。

大卒新規就業者の3年以内の離職率は今も昔も約3割あり、**「年収が高いから」、「休みが多いから」、「有名企業だから」と入社したものの、「社風が合わない」、「やりがいが感じられない」、「この会社では成長できない」と早期離職する人が後を絶ちません。**

また、会社の平均寿命は23・8年（2021年に倒産した企業の平均寿命。東京商工リサーチ調べ）しかなく、バブル期にあれだけ隆盛を誇っていた超巨大インフラ企業も、今や上場廃止からのリストラ・身売りと見る影もないほどの凋落ぶりです。仮に定年まで無事に生き延びられたとしても、退職金がここ30年間で平均1，000万円以上も減っていますので、同じ会社に長く勤めるインセンティブもなくなりつつあります。

ですので、「とにかく年収の高い大企業へ！」の就活では、投資どころか投機（短期的な利益しか見ていない、ギャンブル性の高い行動）となってしまいます。それはあくまで生涯賃金や年収の最大化に過ぎず、この先のキャリアに行き詰まる可能性も否定できません。本書でお伝えしたい生涯収入最大化につながる「就活の本質」ではありません。

では、「就活の本質」とは何か。答えは**P14**の「就活航海マップ」**（※図1）**に集約されています。今はまだすべて理解できないかもしれませんが、それで構いません。

この本は、「好きなことがない」、「強みがない」、「やりたいことがない」、「けど稼ぎたい」普通の就活生が、生涯収入を最大化する就活として、

・ファーストキャリアを「見つける方法」（選択肢を広げる）
・見つけた会社に「受かる方法」（最適な選択をする）

この2つの自己決定を体系化して内定取得率を最大化したものです。特に本書では、他の就活本ではほとんど解説していないファーストキャリアを「見つける方法」（選択肢を広げる）を中心に、1年間の投資ステップごとに解説していきます。

ここで就活生の皆さんに、1つ質問です。

Q1 就活で得られるものは？

①高い年収
②有名企業への入社
③職場の温かい雰囲気と心地よい人間関係
④フレックスタイムや裁量労働制等の時間的自由
⑤テレワークでの空間的自由
⑥やりがいがあるチャレンジングな仕事

⑦ワークライフバランス
⑧圧倒的なスキル
⑨これからのキャリアの選択肢
⑩これからのキャリアを選択する力

A．すべてです。

「誰にでもできるはずなのに、大半の人がやり切れずに就活を終えること」を知ることで、入りたい会社から内定を得られ、楽しくてやりがいのある仕事にも就け、お金や生活の余裕も持ち続けられ、これからのキャリアの選択肢まで手に入れることができる。これこそが生涯収入の最大化です。お金だけでなく、私たちがこの先の人生の舵取りを自分自身で行うために必要なすべての要素が得られる**「生涯収入最大化のための投資期間＝キャリア形成の投資期間」**、それこそが就活なのです。

もし、まるで興味のない会社に就職してしまい、面白くもない仕事をこなし、残業や休日出勤で心身ともに疲弊の極致となり、それでも年収が平均以下しか貰えず、転職する余力もなく、これから何十年も同じように1日8時間以上働き続けなければならないと思うと、目の前が暗くなる——そういった絶望を回避したいのなら。社会に出て年齢を重ねるにつれて、人生の限界が見えてしまう現実を避けたいのなら。

そんな未来を歩むことなく、自分自身が主役の人生を歩みたい。楽しみたい。幸せになりたい。だったら、それらをすべて手に入れられる就活の方法をこの本で身につけませんか？

私の自己紹介をさせてください

申し遅れました。私、この本の著者である「転職10回したキャリアコンサルタント」森田昇です。この自己紹介だけで「就活に失敗したから転職回数が多くなったのでは?!」とツッコミを入れたくなるでしょうけど、その通り。私の就活はとにかく年収の高い、生涯賃金最大化の大企業へ！　を目指して大失敗しました。

就職氷河期だったという背景もありますが、50社以上応募して苦労に苦労を重ねてやっと得られた唯一の正社員待遇の内定が、当時のＩＴブラック四天王（従業員約3,000人、2011年に社長が逮捕された後、2014年倒産）からのものでした。

年収だけは高くて、当時の新卒1年目の給与としては破格でしたし、賞与の年間支給額も6ヶ月分としっかり貰えました。給与条件だけ見ると、生涯賃金最大化だったら特に問題のない会社と思えました。しかし、

・残業時間は毎月150時間超（過労死レベル超え）。
・週に夜勤3回、36時間対応あり（過労死しなくて本当に良かった）。
・なのに残業代は0円（明確な法律違反）。
・資格取得は強制（受験料は給与から強制天引き、残業で勉強できず不合格を繰り返す）。
・飲み会も強制（参加費は強制徴収、もちろん残業で参加できず）。
・社員は人材でも人財でもなく、商品（多重派遣、パワハラ・セクハラ当たり前）。
・派遣先の現場ガチャですべてが決まる（キャリアの選択肢なし）。

と、羅列するだけで強烈ですね。すべて実話です。

案の定、入社後3年で心身ともにボロボロにされて、逃げの退職を余儀なくされました。その後の転職もうまくいかず、2社目は1ヶ月で、3社目は2ヶ月で退職しています。これもすべて1社目を生涯賃金最大化の視点だけで選択したからです（1社しか正社員の内定を取れませんでしたが）。

ここまで聞くと「まぁなんて酷いキャリアなの！」と、同情を誘うのと同時に「そんな就活に失敗した人間が書く就活本ってどうなの？」と怪しまれそうですが、**ここまで失敗を重ねた人間だからこそ、再現性の高い「就活で失敗する方法」をお伝えできると思っています。**就活に「これさえやれば絶対内定！　確実内定！」という必勝法は、正解のあるテストではないため、残念ながら存在しません。逆に、「これさえやればエントリーシート（以下、ＥＳ）全敗！　面接も確実に落ちる！」必敗法は存在します。

ファーストキャリアを「見つける方法」と、見つけた会社に「受かる方法」、どちらも負け方は決まっています。それを避けるだけでも、あなたの生涯収入を最大化する就職先から内定を得られる確率は、格段に高まるのです。

こういった就活の失敗経験と、キャリアコンサルタント（厚生労働省管轄の国家資格で、対話を通じて就職や転職に代表されるキャリアの悩みを解決する専門家の名称）として学び続けている職業選択に関わる理論、そして複数企業の外部人事として就活生と対話・支援してきた実績を融合させたのが、この本で紹介する**「就活航海マップ」**とその活用方法です。それらを総称して**「就活の技法」**と呼んでいます。

今までの、いわゆる「まず自己分析からはじめよう」的ありがちな就活とはまったく違う話だと思いますが、これが「キャリア形成の投資期間」である就活の新常識、これからの王道となることを願っています。

それでは、「普通の就活生」の皆さんの生涯収入を最大化する「就活の技法」を紹介していきましょう。

図1 | 就活航海マップ

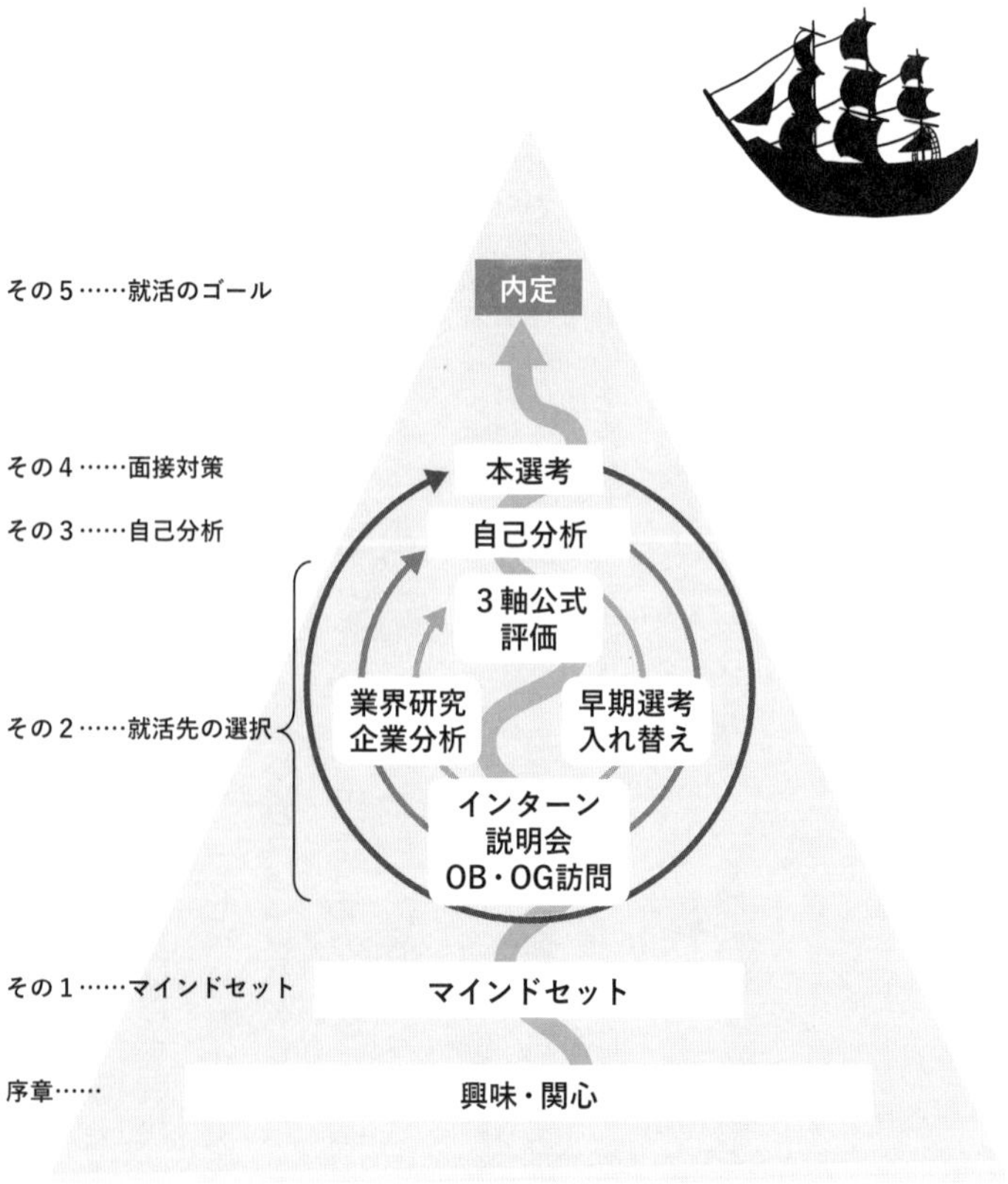

内定
その5……就活のゴール
本選考
その4……面接対策
自己分析
その3……自己分析
3軸公式
評価
業界研究
企業分析
早期選考
入れ替え
インターン
説明会
OB・OG訪問
その2……就活先の選択
マインドセット
その1……マインドセット
興味・関心
序章……

目次

第1章

選択肢を広げる「ファーストキャリアを「見つける方法」

生涯収入を最大化する就活の技法 その1 マインドセット

生涯収入を最大化する就活の技法 その2 就活先の選択

第2章

最適な選択をする見つけた会社に「受かる方法」

生涯収入を最大化する就活の技法 その3 自己分析

序章

生涯収入が最大化しない、ありがちな就活はやめる

理想の自分や将来像は探さない

具体的な「就活の技法」に入る前に、そもそもなぜ、ありがちな就活をやってはいけないのかを、説明しておきます。ありがちな就活の、ありがちなスケジュールは図の通り（※図2）ですが、こんな順序正しく進められるわけがありません。

「まず自己分析からはじめよう。自分の好きなことや強み、価値観を把握しよう。そうじゃないと自分に合う会社や仕事がわからないでしょう？　長い就活において「就活の軸」を作ることが最も大事なことだから！」

そんな自己分析を語るだけで辞書並みの書籍になっているものもありますし、すべて終わらせるのに何ヶ月かかるかわからない自己分析フレームワークが数多く記載されている書籍がベストセラーにもなっています。そういった書籍や多くの就活生の皆さんが考えている通り、自己分析からはじめるのは確かに正しいです。

ただ、**自己分析はアリ地獄**です。足元の基礎固めだから、自己分析をせずにその先

図2 | ありがちな就活スケジュール

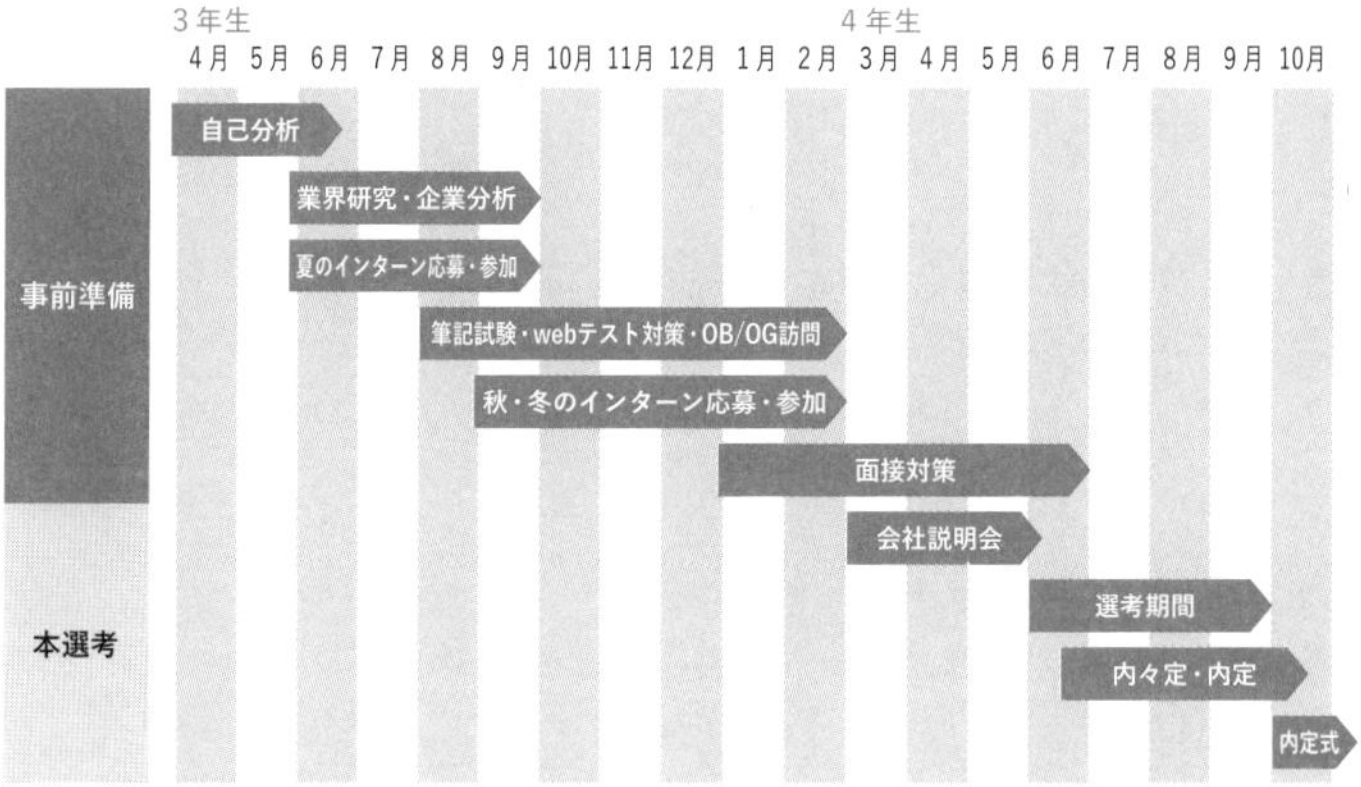

へ進んでもうまくいかない、「就活の軸」が最初に定まらないと内定は取れるわけがない。そんなことはまったくないので、**この段階では60分でサラッと終わらせましょう。**それ以上は時間の無駄です。

自己分析はサラッとでいい理由

「就活航海マップ」通り、まず就活において最初に来るのは「興味・関心」です。自分はどんな業界や仕事に興味や関心があるのかを自己分析してみよう、ですが、ガッツリ考える必要はありません。

「趣味でも普段使っている商品でもサービスでも何でもいいから、今興味があるものをパッと思いつくだけ挙げてみて。で、それらに関わっている会社を30社ネット検索して、Excelやスプレッドシートでリスト化してみよう」
「もし30社いかなかったら、先輩が入社した企業や、名前だけは知っている企業も追加していいよ」

これだけなら60分もかからないですし、これといった趣味がなかったり、特徴ある学部出身でなかったりしても、私たちの普段の生活を支えてくれている会社名は思い出せますよね？　最初の自己分析となる「興味・関心」はこの程度でＯＫです。

多くの就活生は、途中で志望業界や職種を変える可能性が高いからです。特に専門性を問われない総合職では、大半の企業は出身学部や専攻に関わらず就活生を受け入れています。就活を進めていくと、それぞれの業界や職種、企業の情報量が増えていくため、志望業界や企業のみならず最初の志望動機すら変わっていき、それまで知らなかった企業へ入社することはごく当たり前のようにあります。

実際に入社を決めた企業について、２０２４年卒の就活生にアンケートを取った結果、実に半数を超える就活生が、就活を始める前には知らなかった企業に就職を決めています（**表2**）。

表2 就職確定先について

就職活動開始前から知っていた企業だった	43.6%
就職活動開始前には知らない企業だった	56.4%

出所：NHK「大学生とつくる就活応援ニュースゼミ」https://www3.nhk.or.jp/news/special/news_seminar/syukatsu/syukatsu1179 より抜粋

大学3年生の時点でやりたいことがない、夢がない、将来の自分が想像できない、と落ち込む必要はありません。同じような悩みを抱えている社会人もたくさんいます。むしろ、学生のうちに将来の夢や目標、なりたい姿が明確な人は少数派ですし、そんな人は専門的な業界や職種を目指そうと準備しているので、この本は読まないでしょう（笑）。

就活のはじめでは、「こういう企業や商品、サービスって何となくいいよな」という自分の「興味・関心」を知っておけば十分です。自己分析は深くやり過ぎずに、適当に、サラッと60分で切り上げてください。空いた時間は情報収集として就活セミナーや会社説明会に参加なり、適性検査対策なり、業界研究本の読破なりに使った方が有効ですから。

自分史やモチベーションチャートは不要

「今の自分を形成しているのは、あなたの過去の経験です。「就活の軸」を定めるためにも、生まれたときから今までの出来事を振り返り、自分に関するデータを「自分史」として書き出してみましょう！」という自己分析の王道、**「自分史」作り（※図3）は決してしないでください。**無理に作成しようとすると、「普通の就活生」のほとんどは莫大な時間を投入した挙句、自己肯定感が下がり暗澹たる思いをします。

よほど学生時代に高い実績を残している、他人がおいそれと経験できない体験をしている就活生は10％もいません。一人で「自分史」作りに没頭すればするほど、「なんて自分は平凡でありふれた人間なのだろう」と、落ち込むだけです。私は落ち込むどころか絶望しました、何も成し遂げたことがない自分に。

「自分史」作りに熱中すると、企業選びの選択肢が減っていきます。自分自身の過去基準に基づいた志望業界や職種、企業、仕事しか考えられなくなるからです。就活開始直後に持っている業界や企業に関する情報は本当に少なく、ほとんどの就活生は普

図3｜自分史

年齢	学年	経験や出来事	そのときの感情	なぜそうしたのか
0〜3歳				
4〜6歳				
7歳	小1			
8歳	小2			
9歳	小3			
10歳	小4			
11歳	小5			
12歳	小6	〜中学校時代に続く〜		

「普通の就活生」は特に書くことがない

無理に書こうとすると落ち込むだけ

段の生活でお世話になっている有名なｔｏＣ（対消費者）企業しか知りません。多くの就活生の「自分史」イベントには、優良企業の多いｔｏＢ（対企業）企業は登場しませんので、就活の選択肢が相当狭まります。これは本当にもったいないことです。

たかだか20年ちょっとの過去に囚われていると、今後の未来で変化する自分が想像できなくなりますし、現在の自分が持っている「興味・関心」すら過去の経験と整合性を取ろうとして、揺らぎます。そんなものを企業は求めていませんし、害悪でしかありません。これは「自分史」の次に作成を勧められることが多い

図4　モチベーションチャート

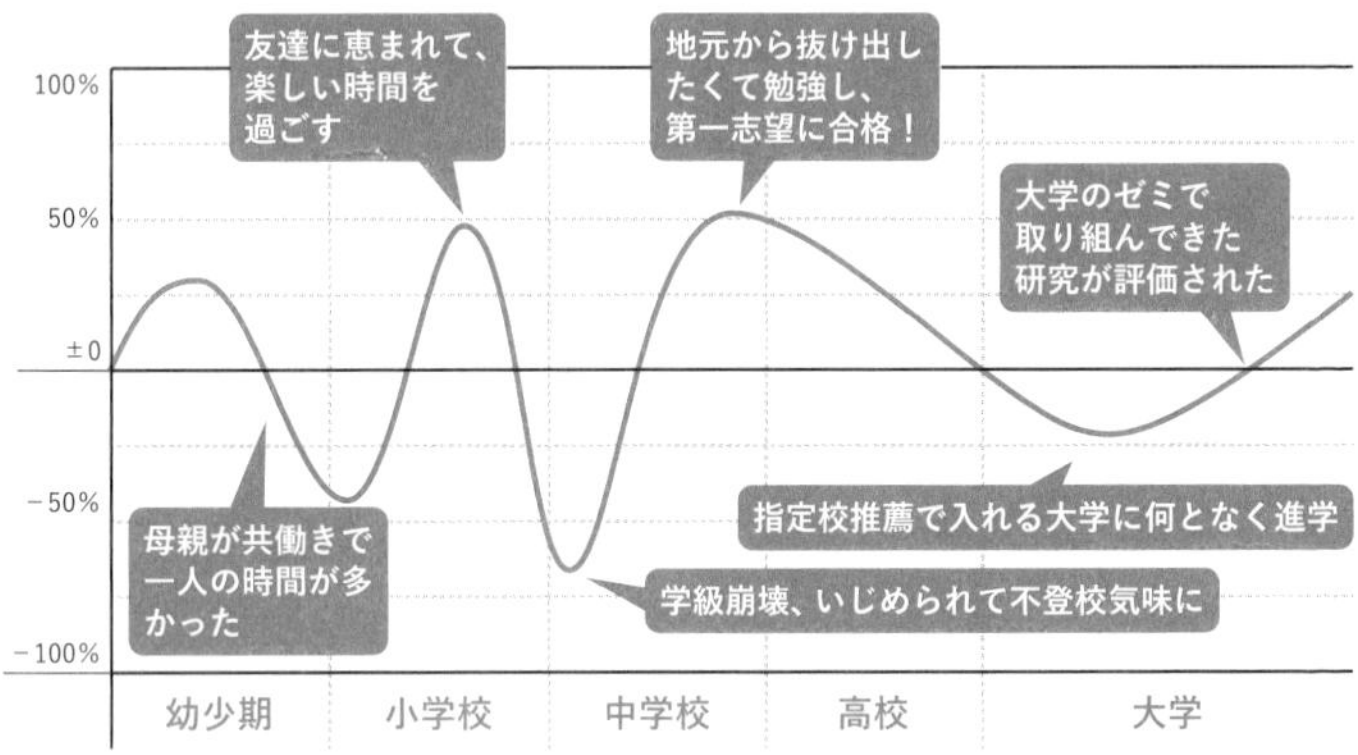

「モチベーションチャート」にも言えることです（※図4）。

「過去の自分の体験を時系列ごとに振り返り、そのときのモチベーションを書き出しましょう。どんなときにモチベーションが上がり、どんなときに下がるのか、その共通点から自分の価値観を見出そう」も、過去の深掘りでしかありません し、「自分史」と同じように、実績重視・体験重視となるので作成するのがしんどいです。

企業選びにおいて、自分の過去経験と無理に紐づけすることはありません。自分の可能性を狭めてしまう自己分析のアリ地獄には、決してハマらないようにしてください。

はじめは「興味・関心」から動く

極論してしまうと、**就活における自己分析とは「ES作成や面接対策でのネタ探し」でしかありません。**

「自分史」で幼少期から大学生まで、どんな経験や出来事があってどんな感情を覚えたのか。「モチベーションチャート」でこれまでどんな困難があってどう克服してきたのか。遊びでも学業でも部活でも友達関係でも恋愛でも趣味の世界でも何でもいいからたくさん書いてみて、といったらどうでしょうか？　恐らく20個以上は出ると思います。

それくらい、私たちの「興味・関心」は簡単に移り変わります。特に1年間の就活では何回も「興味・関心」が変わっていきますし、それでいいのです。まだ志望する業界や企業が定まっていない就活のはじめから、自己分析を深く行う意味はありません。

また、自己分析は1回やったら終わり、にするものではありません。就活を進める中で、志望する業界や職種、企業の情報量が蓄積されていくと、企業選びの視点が自然とアップデートされていきます。就活における自己分析は「ES作成や面接対策でのネタ探し」なので、磨かれた企業選びの視点に対応すべく、頻度を高めて徐々に精度を上げていけばいいだけです。

「何となくこの会社は良さげかな？」
「そういえば先輩が入社したのって、この会社だっけ？」
「いつも使っているあの商品を作っているメーカー、この会社なのか？」

といったレベルでいいので、この時点ではリスト化した30社の企業に最低限「興味・関心」を持ってください。「興味・関心」のない業界や職種は就活の対象外となってしまいます。それでは生涯収入最大化の就活が難しくなります。

日本には、大多数の就活生が知らない、知ることのない優良企業が本当にたくさんあるので、そういった企業と出会える接点を、この時点でたくさん作っておきましょう。

好きや強み、やりたいことに沿った仕事は探さない

「普通の就活生」がハマってしまう、**自己分析のアリ地獄への誘い文句TOP3が、「自分の好きなことを仕事にしよう」、「価値観に合う仕事を探そう」、「強みを活かせる仕事に就こう」です**。どれもキャリアのアドバイスとしては一定の説得力がありますし、就活でも従ったほうがいいのでは…と戸惑ってしまう就活生も少なくないはずです。

しかし、これらのアドバイスは聞き流してください。その大半が個人の経験や嗜好に基づくものであり、今信じても生涯収入最大化の就活に成功できる保証はありません。リスト化した30社の企業の仕事がそれらに当てはまらなくても、まったく問題ありません。

情熱はすぐ冷める

「自分の好きなことを仕事にすれば、情熱を持ち続けて働けるのではないか？」

「仕事に満足できるのではないか？」

「それが幸せなのではないか？」

残念ながら、好きなことができる仕事に就けて喜びや楽しさを感じられたとしても、それは最初だけです。実際の仕事は好きなことだけやればいいものではありません。どんなに好きな仕事でも、面倒ごとや、やりたくないことは必ず起きます。


たとえば、いろいろな観光名所を巡る旅が好きだからと旅行会社に就職したとします。するとどうなるか？　働きはじめると、集客やイベントキャンペーンの企画、クレーム対応や接客等に追われ、あなたの好きな旅行を楽しむ暇がないわけです。すると、好きなことを仕事にした人ほど「こんなはずじゃなかったのに…」、「本当はこんな仕事、好きじゃないのかも…」との疑念に取り憑かれ、モチベーションが下がっていき、仕事も上の空になり、スキルも身につかず、最悪離職してしまいます。

この例だと、サービスを受ける側とサービスを提供する側では仕事に対するイメージが異なるのは当たり前ですし、そもそも好きなことは年齢や時代によって変化するものです。好きで仕事を選んでしまうと、情熱がなくなり仕事に飽きたら「もういいや転職しよう」となってしまいます。それだけ「好き」と「仕事」の間には大きなギャップが存在します。

「好きなことを仕事にするのが幸せである」ではなく、「仕事を続けていけば好きになり、幸せを感じられる」。これが事実です。仕事への情熱は最初からあるわけではなく「続けていくと何となく感じられるようになる」といった、ゆるふわな感覚から始まります。

仕事というものは、不思議なものでやっていれば必ず楽しい面が出てきますから、好きなことを仕事にしようとは考えずに、「好きな仕事探し」もしないで、就活をはじめてみてください。それが「普通の就活生」に最適ですから。

強みや価値観は武器でしかない

いつ使う武器かと言えば、書類選考や面接時です。詳しくは「**その3．自己分析**」で解説しますが、採用担当者や面接官は①働きたい理由と②活躍できる理由、この2つにつながるポイントしか志望動機では見ていません。

①働きたい理由…企業とマッチングしているか、熱意や本気度はどれくらいか。「就活の軸」である価値観が起点。

②活躍できる理由…一緒に働きたいと思うか、入社後に伸びしろはありそうか。「取り組む姿勢」である強みが起点。

そう考えると、そもそも就活対象の業界や企業が定まっていないうちに強みや価値観といった武器を自己分析で磨いても、それが本当に志望する業界や企業の役に立つものなのかわからないのです。この2つから業界や職種を絞っていくのではなく、逆に「この業界や企業がいいかもしれない」と定めてから、その業界や企業に評価されるための自己分析を行えば良く、就活の序盤ではどちらも考えなくていいものです。

「自分の価値観に合った業界や企業はどこにある？」と、過去経験を起点にした就活を進めても選択肢が狭まるだけです。就活のはじめは業界や職種を広く見るほうが得、というより業界や職種を幅広く見ていくと、自然と志望先を取捨選択する「目利き」がついてきます。これこそが価値観であり、「就活の軸」です。就活の最初から作れるものではありません。

だからといって、自分の強みを活かせる仕事を選んでも、そこに適性があるかはわかりません。強みとは他者との差別化ですから、面接時にはその企業で活躍できる理由を語れる武器になり得ますが、それだけです。実際に仕事に活かせるかどうかは、配属先の人間関係や仕事内容等の環境に依存します。「強みを活かせる仕事なら適性がある」といった考え方に対しては、環境や時間の変化、上司や部署の異動で求められるスキルセットが違ってくるので、今や疑問符が付いています。

就活を進めるうえでは、価値観や強み、適性といった「学生のうちはまだハッキリとしないもの」を頼りにせず、視野を広げることだけ考えましょう。

やりたいことはなくていい

「就活の軸」でよく言われる、将来やりたいこと。たとえそれが明確にあったとしても、やってみて本当に楽しいのかは、特に仕事ではやってみないとわかりません。

やりたいことの前に、やっていて楽しいことがあります。楽しいことと向き合い、楽しいことをやっていく。すると情熱が生まれ、好きになり、結果的にやりたくなってきます。これが仕事を好きになる、情熱のプロセスです。

となると、アルバイト程度の経験しかない、まだ本当の意味での仕事をしたことがない「普通の就活生」では、仕事の何が楽しいのか理解も体験もできていません。想像するしかないのです。だからこそ、選択肢を増やせるよう、「興味・関心」の視野を広げる必要があります。

「選択肢を増やせと言われても、そもそもどんな仕事があるのかわからないし、方向性もぼんやりしているし…」

就活のはじめは、それで構いません。何度も繰り返しますが、就活は「興味・関心」から入っていいですし、入るべきです。最初から「この会社に何としても入りたい！」と心から決まっている就活生は極少数ですし、「この業界じゃないとダメ！」、「職種は絶対にこれじゃないと！」といった大まかな方向性すら定かでない就活生も多いでしょう。

ですが、安心してください。**将来の選択肢がはっきり見えている人はほとんどいません。**将来に悩み、キャリアに不安がある状態は、20代どころか30代、40代の社会人にとってもごく普通のことですし、定年間際でもまた悩みます。どの年代でも、キャリアの選択は視野を広げることから始まります。

だからこそ、大いに悩み、不安を抱えながらも、一歩ずつ就活を進めていきましょう。「この会社なら自分の特性を活かせそうだ」、「自分の強みと、会社が求める人材像が一致している」からリストアップしないで、様々な業界や職種、企業に、最低30社へ「興味・関心」を寄せてみてください。

いい会社やいい仕事は探さない

「興味・関心」を最低30社に、と目標数字を掲げているのは、それだけ挙げれば企業の属する業界がバラけるからです。自然と職種や仕事の種類、企業規模もバラけますし、様々な業界や企業の特徴も目に入るようになるでしょう。

業界や職種、仕事を絞るのは先の話、決してこの段階で「志望動機が書きやすいから」、といった観点でリストを絞らないでください。得てしてそういった今の自分と接点があると思ってしまう企業は「いい会社」や「いい仕事」に見えてしまうのですが、業界研究や企業分析も録に行っていない段階では、まだどちらも疑いの目で見てください。

いい会社を疑う

就活生の皆さんは、「いい会社」と言われると、どんな会社を想像するでしょうか？　厚生労働省は「ホワイト企業」について明確に定義していませんが、一般的な特徴として、①従業員への待遇や福利厚生が充実している、②社員の健康や労務管理等を重視している、③労働安全衛生に関して積極的に取り組んでいる、④イキイキと長く働くための環境が整っている、のが「いい会社」だと一般的に言われています。

端的に言ってしまうと、

・労働時間が短い
・休暇が取りやすい
・福利厚生が充実
・給与が平均より高い
・何よりも安定している

が挙げられます。

これらの条件は、リスト化した30社のほとんどが満たしているはずです。就活のはじめで「普通の就活生」が知っている企業は有名どころの大企業ばかりなので、漏れなく「いい会社」のはずです。大企業は見せかけのホワイト企業にならないように、従業員の負荷を減らす対策や処遇の改善に力を入れています。そこに差はほとんどつきません。とはいえ、２０２１年６月時点で日本には企業が約３３７万社あり、そのうち大企業は約１万社もあります。比率としては０・３％に過ぎませんが、あまりにも多い数字です（※表3）。

そのため、**残念ながら、大企業の中にもブラック企業は潜んでいます**。「取り敢えず大企業」、「給料のいい会社からピックアップ」、「年間休日１２５日以上が絶対条件」といった「就活の軸」だけでピックアップしてしまうと、私みたいにハズレくじを引く可能性が高ります。この条件を満たしていたんですよ、ＩＴブラック四天王。

ホワイト企業と同じようにブラック企業にも明確な定義はなく、企業同士で比較するしかありません。一見すると「いい会社」だと思えたのに、他の会社と比較すると「ブラック風味」だった。そう気付けるタイミングは業界研究や企業分析をじっくり行えば必ずあります。最初から無理に「いい会社」を探そうとしないで、たくさんの業界や企業を知ることで、比較できるようにしてください。

表3 日本の企業数の内訳

		2021年（6月1日時点）企業数［構成比］
中小企業		336.5万社［99.7%］
	うち小規模事業者	285.3万社［84.5%］
大企業		1万364社［0.3%］
合計（中小企業と大企業の合計）		337.5万社

出所：中小企業庁HPよりhttps://www.chusho.meti.go.jp/koukai/chousa/chu_kigyocnt/2023/231213chukigyocnt.html より抜粋

いい仕事を疑う

皆さんは、「いい仕事」と言われると、どんな仕事を想像するでしょうか？　こちらも明確な定義はありません。しかし、明確に定義が決まっていないからといって、「いい仕事」自体が存在しないわけではなく、人によって条件、形が違うというだけに過ぎません。

その中でも、一般的な特徴として、①やりがいがある、②将来性がある、のが「いい仕事」だと言われることが多い印象です。

①のやりがいについては、何にやりがいを感じるかは人によって異なるので、定義が難しいです。やりがいを決定する要素は非常に多く、

業界・業種・分野といった大きなすみ分けから、どのような関わり方をするかといった職種、さらには仕事の進め方も関係します。これにはOB／OG訪問等での深い業界研究や企業分析が必須となるため、「働きがい」を考えられるのは就活の中盤戦以降です。

また、②の将来性については、2022年11月の生成AIの登場により、多くの仕事がAIに取って代わられると言われていますので、こうしたAI等で自動化することのできない仕事は、将来性が高い仕事だと考えられています。ですが、これは本当でしょうか？

たとえば、生成AIの登場前は、警備員や運転手、工場作業といった定型的な繰り返し作業が中心のブルーカラー的職業が取って代わられると言われていました。ところが、生成AI登場後はむしろ人の気持ちを汲んだりクリエイティブな作業をしたりするホワイトカラー的職業こそAIが代替できる、ブルーカラー的職業は肉体というアナログが必要だから「職人の技」は再現できないのでは？　と論調が変わりました。

今はまだ、専門性の高い知識が必要な仕事こそ将来性がある、と思われていますが、

ＡＩに代表される技術的進化により、知識やスキルの陳腐化が急速に進行しています。プログラミングこそ将来性がある、つぶしが利くと考えて新卒でプログラマーになった私でしたが、20数年経った現在ではＡＩがプログラミングを自動生成してくれる時代になりましたので、単なるプログラマーの仕事はすでに減少しつつあります。

10年後の未来の経済や企業の動向を正しく予測できる、そんな人や手法は存在しません。将来性があるに違いないと、特定の仕事を選んだとしても、数年後に後悔している可能性は十分にあります。少なくとも私たちが想像している将来とはまるで違うものになる、そうした認識で就活を進めていきましょう。

社会人になってわかった「就活でやっておけばよかったこと」

就活生の皆さんは、「就活でやっておけばよかったこと」と聞かれると、どんな行動を想像するでしょうか？　まだ就活をはじめていない・はじめたばかりなのに、そんなこと聞かないでよと思われるでしょうが、年が近い先輩たちが就活の何に後悔しているのか、先に知っておけば対策も練れますよね？

というわけで、就職活動を振り返って後悔したことランキングを発表します（※図5）。

・第1位：もっと幅広く業界を見ておけばよかった
・第2位：もっと多くの企業を受ければよかった
・第3位：もっと自己分析をしっかりしておけばよかった

上位2つこそ、もっとたくさんの業界や企業に「興味・関心」を寄せればよかった。そう言えるでしょう。同様の調査は様々な媒体で行われていて、第3位の「自己分析」がTOPになっている調査結果も数多くありますが、「自分に合っている企業や仕事を見つけられなかった」のが主な理由ですから、「生涯収入が最大化しない、ありがちな就活」をしてしまったことで後悔しているという意味では同じです。それだけ「この世には、自分が思っているよりたくさんの企業があった」、「もっといろんな業界を知って、就活に向き合うべきだった」との気持ちが残ってしまうのです。

今はまだ、大して興味のない業界や企業でも、積極的に調べてみてください。会社説明会やOB／OG訪問等で実際の職場が見学でき、懇切丁寧に業界や会社のことを

図5　就活中にもっとこうしておけばよかったと思うこと

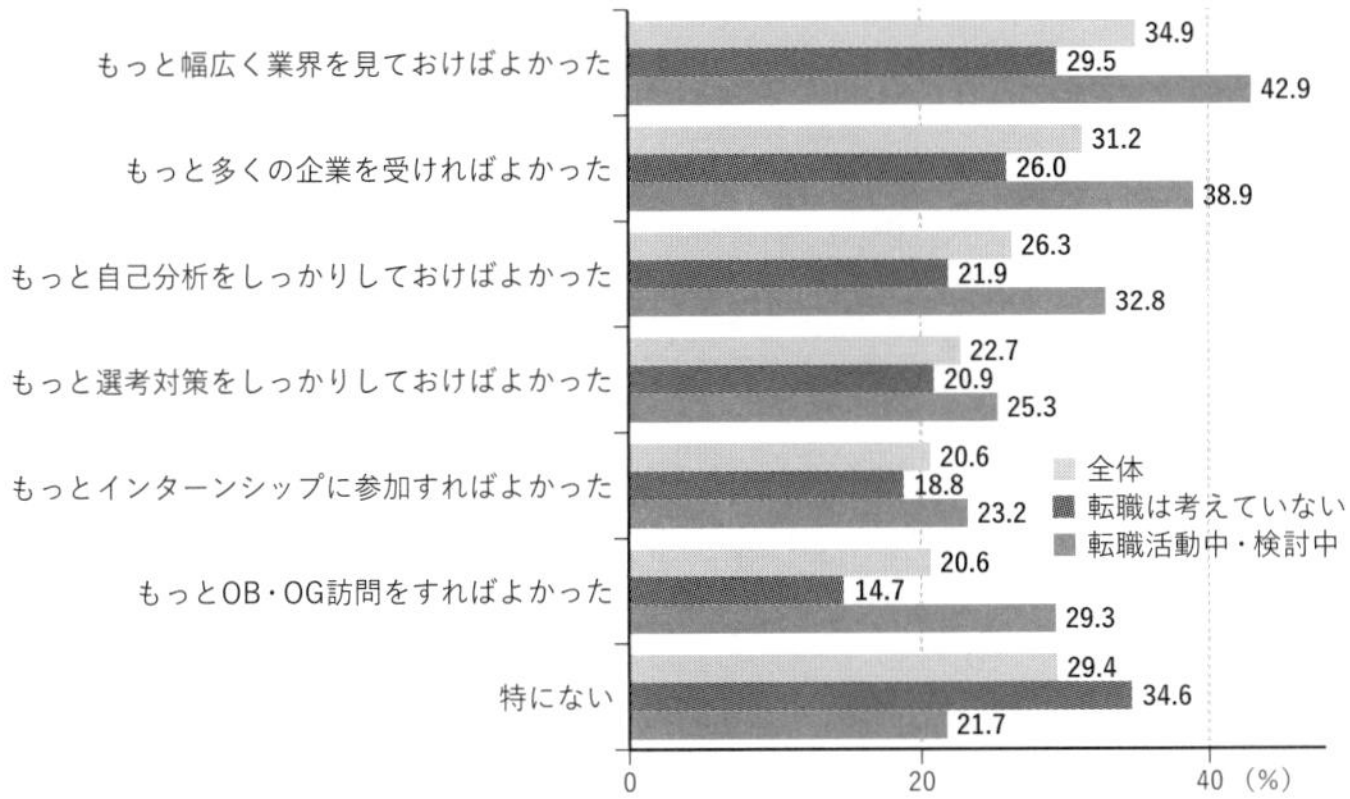

出所：株式会社キャリタス（旧ディスコ）「元「キャリタス就活2021 学生モニター」入社1年目社員のキャリア満足度調査」
https://www.disc.co.jp/wp/wp-content/uploads/2022/03/wakatechosa_202203.pdf　より抜粋

教えてもらえる機会は、人生の中でも就活くらいしかありません。

こんな有名で優良な大企業、どうせ自分は受からないから。そう思わずに、業界問わず多くの企業に足を運んでみてください。選択肢は皆さんが思っている以上に多いことを意識しつつ、視野を広げるだけ広げて考えれば、必ず後悔のない就活を送れますから。

第1章

選択肢を広げる
ファーストキャリアを「見つける方法」

生涯収入最大化＝環境×成長×キャリア

「就活とは、生涯収入最大化のための投資期間である」

冒頭でお伝えしたこの言葉のうち、生涯収入最大化については詳しく説明していませんでしたね。その公式が「環境×成長×キャリア」の3軸です。詳しくは**「その2．就活先の選択」**でお伝えしますが、この3つを多く満たす企業を選択肢として確保する、それがファーストキャリアを「見つける方法」（選択肢を広げる）です。

この選択肢を広げるにあたって大切なのが、私たちのマインドセットです。「就活のスタートはまだ先、焦らなくていい」、「一生ものの選択だから失敗できない」、「ライバルを蹴落としてでも内定を取らなければ」これらの考えは今すぐ捨ててください。どれも選択肢を広げるのには不要ですから。

就活は「キャリア形成」を学ぶ期間

就活の始まりは、大学3年生の夏から始まるインターンシップの申し込みからです。

このスタートのタイミングは外せません。「就活のスタートはまだ先、焦らなくていい」と大学3年生の春にのんびりしている暇はありません。申し込みはすぐに始まります。大学3年生の9月までにインターンシップに参加した就活生は72・5%にも上るというデータがある通り、(出典「2023年卒 マイナビ大学生 広報活動開始前の活動調査」より)それだけ就活は年々前倒しになっていますし、業界研究や企業分析に時間をかけるためにも、夏のインターンシップ参加は必須です。そして就活に時間をかければかけるほど、「キャリア形成」を実行できる時間を確保できます。

就活とは、自分自身にとっての「何となくの方向性」を見出しつつ、試行錯誤しながら将来の道について、なるべく精度を高めつつ意思決定していく行為に他ありません。これを、私たちキャリアコンサルタントは「キャリア形成」と呼んでいます。

「キャリア形成」を就活で行うには、一定の期間が必要となります。できれば1年間

図6　実質就職活動期間別に見る内定取得総数（内定取得者かつ就職活動終了者／実数回答）

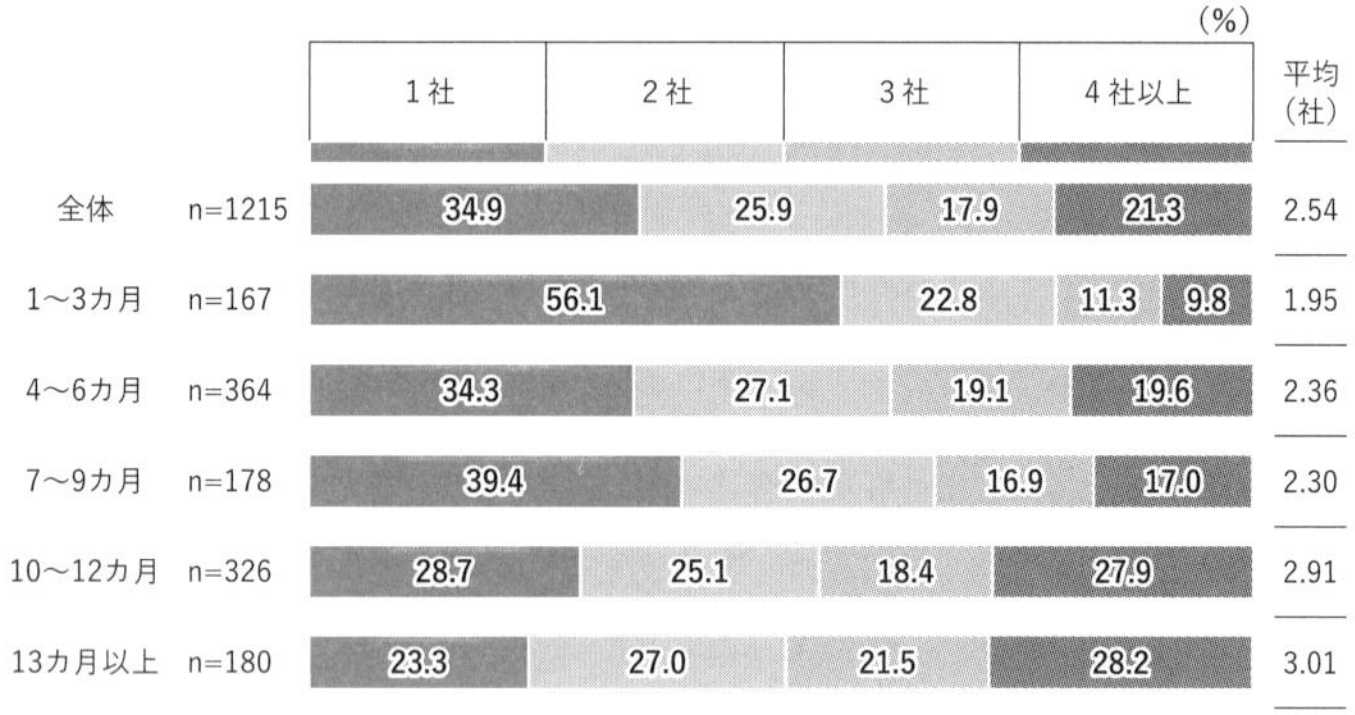

出所：株式会社リクルート　就職みらい研究所「就職白書2023」
https://shushokumirai.recruit.co.jp/wp-content/uploads/2023/03/hakusho2023_data.pdf　より抜粋

欲しいので、大学4年生の6月にある本選考開始の時期から逆算すると、夏のインターンシップの申し込みから就活をはじめないと、じっくり取り組むことが難しくなります。

　また、1年以上就活を頑張った就活生は、それより短い期間で終えてしまった就活生よりも内定取得数が多く、入社予定企業への納得度も高い傾向があります。逆に早く済ませてしまうと選択肢が狭まってしまうことがデータでも示されています**（※図6）**。決して焦ることなく、時間をかけてじっくり選択肢を広げていく。そのためにも**「大学3年生春の時点でスタートを切ること」**。これが生涯収入最大化のために必要なことなのだと、マインドセットしてください。

就活は落ちまくって成長していく

ロケットスタートを切ることは必須でも、だからといって一刻も早く終わらせる必要はないのが就活です。1年間みっちり「キャリア形成」を体験して欲しいのですが、「さっさと内定を取って就活を終わらせたい、辛いから」と感じる就活生が多いのも事実です。では、なぜ辛いと感じるのでしょうか?

それは、選考で落ちまくるからです。たとえメンタルが強固な人でも、書類選考や面接後に届くお祈りメールを毎回受け取っていると精神的に参ります。私も50回以上お祈りをいただいたので気持ちはわかります。受けても受けてもお見送りばかり突き付けられると、「自分は社会から必要とされていないのでは」と落ち込み、鬱っぽくなっていきます。とにかく早く終わらせたいと焦るのは、無理もないことかもしれません。

しかし、**就活においては選考で落ちまくるのが普通です。**株式会社リクルートの就職みらい研究所の「就職白書2022」によると、2022年卒の就活生の場合、平均エントリー数は29・74社、内定社数2・46で、平均27社落ちている計算になります。2021年卒の就活生においても、平均エントリー数27・54社、内定社数2・17社で、平均20社程度落ちていることが見て取れます。

就活において20社落ちるのは通常のことであり、それだけ選考に落ちるのが当たり前といえます。エントリーだけしてESを提出しなかった企業も含んでいますが、それでも10社以上からお祈りされるはずです。

就活に失敗したくない気持ちもあるでしょう。「新卒入社した会社で今後の人生が決まる」と思うと不安でメンタルやられそう…という就活生の皆さん、安心してください。人生は100年時代と長くなっていますから、ファーストキャリアでずっこけても十分素敵な人生を過ごせますし、生涯収入最大化も可能です。1社目で盛大に転げ落ちた私が保証します。

失敗を恐れる気持ちは十分理解できます。ただ、勉強や部活動と同じで小さな失敗を積み重ねていかないと就活はうまくいきません。就活期間中に内定が取れるように「キャリア形成」していくには、いくつかの失敗経験が必須なのです。

新卒入社した会社は、確かに後々のキャリアに多少影響はするものの、人生が決まることは決してありません。長距離走の感覚で、今からコツコツできることを増やしていくように、失敗することを前提にイキイキと楽しく就活に取り組んでみてください。

就活は仲間と一緒に楽しむ

イキイキと楽しく就活に取り組むためにも、就活の仲間を作っておきましょう。同じ学部内の友人や他大学の知人、高校の同級生といった一緒に就活戦線を闘っている同期と、コミュニケーションが取れるようにしてください。

就活のマインドセットとして持っておきたいのが、**「就活は団体戦である」**という考えです。大学受験と同じように個人だけで完結させることも可能ですが、同じ業界や企業を受ける仲間がいるに越したことはありません。

そこまで併願しない大学受験と違って、就活では20社以上の選考を受けるのでライバルにはなりませんし、「精神的な安心感」が得られます。同じ企業を受けるライバルと考えるのではなく、「一緒に就活の知識を共有する仲間」と捉えれば自然と会話も弾み、気分が発散できます。悩みや疑問点が一緒の場合も多く、前に進みやすくなるので効果的です。

それに、「生きた情報が手に入る」というメリットもあります。就活をするうえで欠かせない業界研究や企業分析は、自分だけで行うと得られる情報の幅が狭くなりがちです。ネットやSNSに載っている情報が必ずしも正しいわけではありません。大学のキャリセンター活用やOB／OG訪問といったルートを紹介し合えるのが団体戦のいいところです。

世の中には、自分では想像できない体験や考えを持った人たちがたくさんいます。そういった人たちと交流を持つことで「自己分析では考え付かなかった自分の特徴に気付ける」、「様々な視点を得られて自分の見識が広がっていく」環境を楽しいと感じてください。そうでないと、選考が進んでいく中で思うような結果が出ないと精神的に辛くなり、妥協や譲歩、我慢と諦めから企業に求める条件が緩くなっていき、ついにはすべてを手放してブラック企業入り、なんて結末が待っています。

1年間という長い就活中に冷静さを失わないためにも、仲間と一緒に進めていきましょう。きっと助けて貰えますよ！

超売り手市場での就活戦線

ここで、現在の就活市場の状況についてお伝えします。新型コロナウイルス感染症の5類移行等による経済活動の活性化に伴い、各企業の採用意欲も高まっていることから、2026年卒の就活生も引き続き売り手市場が続くと考えられています。

大学生・大学院生対象の大学求人倍率の直近3年間の推移は、コロナ禍が落ち着いた2022年卒以降は上昇しています。2022年卒は1・50倍でしたが、2023年卒が1・58倍、コロナ禍明けの2024年卒が1・71倍です（リクルートワークス研究所「ワークス大卒求人倍率調査（2024年卒）」より）。これは「超売り手市場」と呼ばれた2019年卒、2020年卒の水準に近いことから、就活の難易度自体下がっている、そう思いたくなります。

しかし、全体が「超売り手市場」だから楽ができるかといえば、決してそうではありません。

企業が二極化する就活戦線

前述の「ワークス大卒求人倍率調査（2024年卒）」を詳しく見ると、従業員数が5，000人以上の大企業の場合は2024年卒で0・41倍と、全体の求人倍率を大きく下回っています。中でも知名度の高さから多くの大学生がエントリーする大人気企業上位50社は、応募者÷内定者で算出した就職倍率が100倍超（エントリーした100人に1人しか採用されない）と、凄まじい倍率です。この倍率を勝ち抜ける就活生は確率上存在しますが、単純計算すると100社エントリーしないと内定を得られないので、厳しい戦いを強いられます。

また、従業員が1，000人未満の企業と1，000人以上の企業を比べると、2024年卒で1，000人未満の企業が2・91倍、1，000人以上の企業が0・78倍となっています。特に従業員が300人未満の中小企業では6・19倍と、全体の求人倍率を遥かに上回っています。このことから、従業員1，000人以上・未満のラインで企業の採用が二極化していることがわかります（**※表4**）。

表4 カテゴリ別求人倍率

カテゴリ	従業員数	倍率
大人気企業上位50社	それぞれ異なる	0.01倍
大企業	5,000人以上	0.41倍
中堅企業	1,000人以上	0.78倍
中堅企業	1,000人未満	2.91倍
中小企業	300人未満	6.19倍

※倍率1.0倍で全員採用なので、1.0倍以上の企業は人手不足。受ければだいたい受かる。
逆に0.01倍はエントリー100人に対して1人だけ採用と狭き門。

資金力や採用ノウハウ、知名度で大企業に劣る中堅・中小企業は小子化もあり、年々エントリー数が減って採用に苦戦しています。もちろん、企業規模だけで会社の良し悪しを判断するのは危険ですし、中小企業の中でも後述する「生涯収入最大化＝環境×成長×キャリア」の3軸公式を満たす企業は数多く存在します。そういった企業の魅力は大人気企業上位50社となんら引けを取りませんが、優良な中堅・中小企業の情報を自力で得ることはなかなかできません。

大学受験のような正答がないうえに、倍率まで全然違う。だからこそ就活は「興味・関心」を幅広く持ち、規模に関わらず多くの企業を対象としながら、仲間と一緒に進めてください。仮にリスト化した30社の企業がすべて従業員5，000人以上の大企業かつ倍率100倍超えていたとしても、就活の序盤では問題ありません。**選考時期は企業規模**

によって異なり、中規模・中小企業の採用は地方部とともにスケジュール的に遅めの企業が多めですので、まずは大企業から進めても構いません。

コロナ後で通年採用化する就活戦線

ありがちな就活の、ありがちなスケジュールはＰ２３の**図２**の通りでした。大学生の就活は基本的には「新卒一括採用」で、就活ルール上「情報解禁日は大学３年次の３月、選考解禁日は大学４年次の６月」とされています。しかし、これはあくまで政府が主導した就活ルールであり、実際は異なります。コロナ禍以降の就活の変化により、それよりも早期から採用活動を行う企業が増えています。

株式会社リクルートの就職みらい研究所の「就職白書２０２３」によれば、**入社予定先からの内定取得時期は選考解禁日の大学4年生6月がピークですが、大学3年生9月以前に就職活動を開始した就活生は、大学4年生4月が最多となっています。**それよりも早い時期に内定を得ていた就活生も多く、最速だと大学３年生の９月時点で内定を取得しています。「新卒一括採用」はあくまでも建前であり、コロナ禍以降は

図7 実際の就活スケジュール

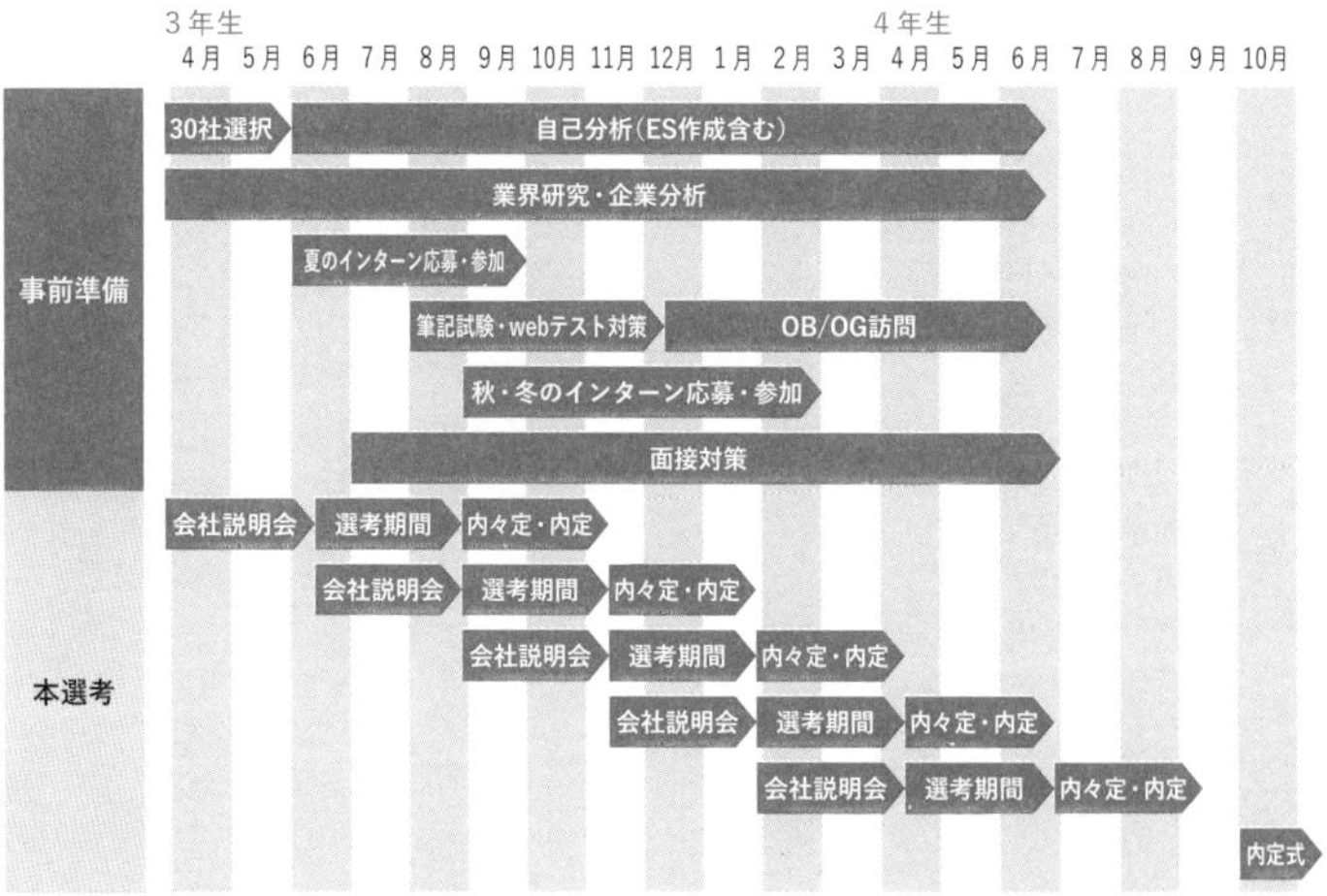

時期や選考形態も業界や企業によってバラバラとなりました。

これは、就活生の皆さんにとってメリットでもあります。超売り手市場といった状況や2025年卒から正式に採用直結型のインターンシップが公認されたことから、就活の早期化によって選考日程が複線化・分割化されたためです。ベンチャー企業や外資系企業を中心とした経団連に所属していない企業による、実質的な通年採用化です（※図7）。株式会社リクルートの就職みらい研究所の「就職プロセス調査（2025年卒）」によると、2025年卒の大学3年生3月18日時点の内定率は49・8％と、年々早期化が進んでいます。

企業によって、どの時期から選考を開始するのかまちまちのため、就活生にとって情報収集が難しくなっています。採用人数や選考時期といった基本的な情報も就活サイトやネット検索では引っ掛からず、合同会社説明会やインターンシップに参加して集めなければ得られないことから、情報収集の精度と速さが求められています。「就活は団体戦である」とのマインドセットで、大学3年生春から就活をはじめる同期とチームを組んで、激変した就活戦線を乗り切ってください。

就活生の意識が三極化する就活戦線

就活は「キャリア形成」を学ぶ期間。コロナ後の就活早期化に対応するためにも、今すぐ就活へ動いてください。こう何度も強調するのは、それだけで他の「普通の就活生」と差別化できるからです。**図7**のスケジュールで実際に動けるのは、ほんの一部だけです。意識の差から、現在の就活生は3極化しています。

①大学3年生春、夏のインターンシップ前から早期に就活して複数社内定GETする「優秀層」
②大学3年生秋、冬のインターンシップ前から動き出して2、3社内定GETする「普通層」
③大学4年生春、就活解禁に合わせたら周りが内定GETしていて慌てる「うっかり層」

①を「優秀層」といっているのは、実際に難関大生が多いからです。ベンチャー企業や外資系企業等の早期選考を志す学生が多いため、つられて周囲の学生も意識して動きはじめるという「就活は団体戦である」を実際に行える環境にいます。その結果、情報量も豊富に揃えられるため自然と就活スケジュールが前倒しになります。

この「優秀層」にいわゆる「Fラン大生」がなれないわけではありません。難関大生と同じスケジュール、同じ速さで動くことで、同じ企業からの内定獲得も十分可能となります。**なるべくこの①の「優秀層」スケジュールで動くのが就活の肝になります。**

②の「普通層」については、普通なのでデータ通り2、3社から内定をGETでき

ます。大学3年生夏から自己分析や1日インターンシップで試運転して、冬のインターンシップから本格的に動く層ですが、①の優秀層と競合する就活初期では苦戦します。徐々に挽回して内定を取得していきますが、どうしてもエントリー数が少なくなるため、もっと早く行動しておけば…と後悔しがちです。「優秀層」スケジュールで動きましょう。

問題なのは③の「うっかり層」です。就活で大苦戦する、「これさえやればES全敗！ 面接も確実に落ちる！」必敗法の1つです。この時期には本選考も活発化しているため、ES対策や面接の事前準備を何もできないまま選考に追われてしまいます。エントリーすらできない企業が続出しますし、仮にできたとしてもお祈りメールをもらってしまう確率が飛躍的に上がります。

早めに就活を開始しないで準備期間なく選考に挑んでしまうと、落ちる確率も高いままです。就活期間中に内定を取るために必要な失敗経験が積めないまま、短期間にひたすら落ちまくる就活は精神を蝕みます。残りはブラック企業の求人しかなかった、という私の就活の再現となってしまいます。決してやってはいけない就活の必敗法、それが③の「うっかり層」スケジュールです。

いまだ事実上存在している学歴フィルターを突破して、生涯収入を最大化するためにも、「優秀層」スケジュールで動くこと。もしこの本を読んでいるのが大学3年生春以降でしたら、今すぐ就活を開始しましょう。遅れはこの本の「就活航海マップ」に則れば挽回できますから。

学歴フィルターは事実上存在する

学歴フィルターについて、「ある」と公言する企業はもうありません。「採用は人物重視、学歴は関係ない」と発信している企業がほとんどです。一昔前に問題となった「自分が会社説明会のWEB予約を取ろうとしたら満席表示だったのに、難関大生のマイページからは予約できた」という事例も、現代では大炎上間違いなしのため、ここ数年は聞くことがありません。そのため、学歴フィルターは都市伝説のようなものだと思っている就活生の皆さんもいるのではないでしょうか。

しかし、建前上はそうであっても、実際に学歴フィルターはあります。大企業や就職倍率が100倍超のような大人気企業では、あまりにも応募者が多いため（エントリー者数が1万人を超える企業もある）、書類選考だけでも膨大な時間を要します。そのため、フィルターをかけて足切りするようにしないと、選考できないからです。

学歴フィルターは無視していい

結論はこれです。**そんなものは気にしないで、「優秀層」スケジュールで動くこと。**夏のインターンシップや合同会社説明会に今すぐ応募しましょう。

企業からすれば、採用の公平性を疑われてSNSで炎上するのは大ダメージですので、あからさまに大学名だけで門前払いするような企業はごく少数です（SNSで社長が公言して炎上するくらい）。運悪くそういった企業に応募してしまっても、選考で落ちた理由を就活生側は把握できませんので、気にするだけ無駄です。

そもそも学歴フィルターとは何のためにあるのでしょうか？　今や常識ですが、学歴が高いからといって＝会社にとって有益な人材、とは限りません。優秀の定義は業界や企業によって異なるほど幅広いですし、高校や大学時代にテストの成績が良かったことと、仕事で成果を出し続けられることは決してイコールではないからです。
難関大生の就活生は、多感な時期を様々な誘惑に耐え、難しい入学試験を突破しているため、「＝努力をしてきた、これからもできると思われる人」であることは確かです。それに、状況把握力や仕事の理解力、問題解決力や論理的思考といった能力が比較的高いのも事実です。ですが、それだけです。社会人になってからも努力し続けられるかは未知数ですし、これまでの能力をこれからも発揮できるとは限りません。これらはあくまでも「難関大生の就活生は、そういった能力があると思われる比率が高い」というだけです。

学歴だけで、その人の能力は測れません。これまでの学力という能力の一端が見られるかも、程度です。なので学歴フィルターに気を取られることなく就活を進めましょう。仮に選考に落ちた要因分析にしようとしても、失敗を活かす糧にすらできません。気にしない気にしない。

学歴不問の真の意味

就活ではどの大学生であれ、「大学卒業見込み」であれば、よほどの専門業界や職種でない限り応募基準を満たします。これが就活における学歴不問の意味ですが、だからといって「Fラン大生でも採用してくれるよね、だって学歴不問なんでしょ?」ではありません。過去に多くの企業がES等の選考書類に大学名を記載しなくていい、学歴不問採用を実施した結果、難関大生ばかり採用してしまった、という笑えない話がありました。

その原因は、企業の採用ページを見ると何となく想像がつきます。経営層や社員の学歴を見てみると、ごく限られた大学名しか出てこない企業があります。これはあらかじめターゲット大学を決めていたわけではなく、創業から歴史の長い財閥系企業や経営層・採用部門全体の学歴が高い企業では、学歴を重視する採用担当者が多いこともあり、ESや面接で何となく出身大学に気付いてしまって偏りが生じた。そんなケースです。

そこで、大半の企業は大学名を明記する採用方法に戻しました。どうせ類似性バイアスで偏るんだったら、むしろ学歴を最初から参考にすればコスパもタイパもいい、ということでしょう。あくまで学歴は参考にしか過ぎない、とはどの採用担当者も言っていることなので信用していいでしょう。

具体的な大学名を出さなくても、ＥＳや面接時の受け答え、特に自己ＰＲ系でなんとなく想像できてしまいますし、逆学歴フィルターとしてあまりに出身大学が偏り過ぎた場合は、多様性を確保するために敢えて応募少数の大学出身者に内定を出す場合もあります。そのため、**学歴不問でも、そうでなくても実は大差ありません。**

それよりも、卒業に必要な単位を取得できなかった、ではせっかく内定を獲得できても卒業できなくなった時点で内定取消になるケースがほとんどですので、就活と並行しても学業は決して疎かにせず、頑張って単位を取得して「大学卒業見込み」の肩書きだけは何としても死守してください。私は大学４年生のときは残り２単位のみ、と単位を取得することだけは「優秀層」でした。１年次の必修科目を取り忘れていた「うっかり層」でもありましたが。

結果論としての学歴フィルター

採用担当者の偏り等で、結果論として学歴フィルターとなっているものがあるとお伝えしました。ここでは、その他の学歴フィルター（となっているもの）について紹介します。決して門前払いはしない、それでいて結果的にフィルターとなっている要素を7つ、並べます。どれも対策は可能ですよ！

1. WEBテストや適性検査の結果（SPIや玉手箱等、適性検査をESの書類選考前に課すことで、ふるいにかけてくるぞ！）
2. ESの不備・不満（中身以前に空白が多い、記入量が一行や一言のみ、そもそもフォーマットを満たしていない、では読む前に足切りされちゃうぞ！）
3. メールやチャット、会社説明会での基本的なマナー（友達同士のSNSや学内イベントではないのだから、受け手や参加者の気持ちを考えて！）
4. 企業独自のコミュニケーションツール導入（グループLINEや企業独自のエントリーページ、自社システムへの登録を呼び掛けられても、面倒くさいと放り投げないで！）

5. 朝活&早朝対応（セミナーや会社説明会が朝早いからって寝坊や遅刻、ドタキャンに無断欠席はしないで！）

6. 早期&長期インターンシップ（「優秀層」スケジュールで動きつつ、長期でも大丈夫なように学業やアルバイトは調整して！）

7. オンライン対応（オンライン会社説明会で画面オフ@耳だけ、ながら視聴は基本的にNG！ 出席履歴やログイン回数、質問回数をチェックされていることを忘れずに！）

これらは結果的に学歴フィルターになっているものですので、警戒する必要はありません。一つずつ対策していけば大丈夫です。

一方で、これらがまったくフィルターにもならずに、すいすいと選考を突破して内定をGETする就活生もいます。それが「優秀層」、難関大生です。彼らはなぜフィルターにかかることなく、ロケットスタートが切れ、最後まで持続できるのでしょうか。そして、そんな彼らに勝つためには、これまでの20数年間の人生を逆転するためには、「普通の就活生」はどうすればいいのでしょうか。

学歴の壁を突破する「1年だけ努力すること」

就活は学歴不問、なのに難関大生の「優秀層」ばかり大手企業や外資系企業、大人気企業上位50社から内定を貰える。これって学歴フィルターじゃないの？ と訝しむものではありません。難関大生は、「＝努力をしてきた、これからもできると思われる人」なので、就活でも努力を惜しみません。その努力が結果に反映したに過ぎません。これこそが、難関大生が有利な理由です。

となると、その努力を真似さえすれば、たとえFラン大生でも「優秀層」と同じ企業から内定を取得することができる、ともいえますよね。

ここまで出た生涯収入最大化のための事項をまとめると、

・30社に「興味・関心」を持ってリスト化すること。

・大学3年生春の時点でスタートを切ること。
・「優秀層」スケジュールで動くこと。

でした。これらはすべて努力でできることですよね？

同じように、生涯収入最大化のために必要不可欠な、結果論としての学歴フィルターを突破するための努力を説明していきます。

いわゆる「Fラン大生」が一発逆転する方法

事実上、存在する学歴フィルターを突破するには、それ相応の努力が必要です。ですが安心してください。努力する期間は最長でも1年間であり、そこまで時間も労力も投入しなくて済みます。それは「企業の要望にすべて応える」という、意識の問題だからです。

結果的にフィルターとなっている7つの要素への対策を記します。

1. WEBテストや適性検査対策については、ある程度の時間と労力をかけます。対策のしやすさと採用している企業数から、**優先順位はSPIが最上位です**（適性検査を課している企業のおよそ7割）。参考書片手におよそ30〜40時間かければじっくり対策ができますので、**1日30分の対策を2ヶ月間続けられるよう、大学3年生の夏から半年かけてスケジューリングしてみてください。**その他の適性検査対策は、企業がどんな適性検査を採用しているか知ってからでも十分間に合います。

残りの、

2. ESの不備・不満
3. メールやチャット、会社説明会での基本的なマナー
4. 企業独自のコミュニケーションツール導入
5. 朝活&早朝対応
6. 早期&長期インターンシップ
7. オンライン対応

については、意識さえすれば簡単に克服できるはずです。企業の採用担当者が不備を指摘せざるを得ないＥＳを就活生から受け取ったら、どう感じてしまうのか？ 不満を覚えてしまう対応を就活生に取られたら、どう思うのか？ そうです、お見送りです。意識だけの問題なのに、対策しないのは本当にもったいないです。

「2．ＥＳの不備・不満」については、どう書けばいいのかわからない、薄い内容しか書けない、そもそも書くネタがない、そう悩んでいる就活生向けに**「その3．自己分析」**で詳しく解説しますが、あとは心の内に潜む「面倒くさい」との戦いでしかありません。

寝坊や遅刻、ドタキャン、スケジュール調整しない、適当に扱うｅｔｃ…。これは企業の採用担当者という、就活生を待っている相手がいる限り、社会人になる人間としていかがなものか、と評価されてしまう態度です。残念なことに、これらに対応できない就活生の大半がいわゆるＦラン大生なのです。

こんな学歴フィルターで弾かれないように、努力を惜しまないでください。たった1年だけの努力で、難関大生に一発逆転できる可能性が出てきますし、社会人になってからのキャリアにも絶対に活きてきますから。

大学別の採用実績は参考にしない

就活サイトや「就職四季報」を見ると必ず掲載されている、大学別の採用実績。これを参考にする必要はありません。「この企業、うちの大学からも採用しているんだな」と、自分の大学名を確認して終わりです。あるいは、「この企業、うちの大学からは採用実績ないんだな」と、自分の大学名がないことを確認して終わりです。就活に関係ない情報だからです。

企業が採用実績校を公開するのは「応募者を増やしたい」という思惑があるためで、「うちの大学からも採用されているなら受けてみようかな」を狙ったものです。決して「この大学以外からは採用しないから応募してくるな」という足切りの意味ではありません。結果的に学歴フィルターとなっているものではなく、どの大学出身者にも門戸は開かれています。

知名度のある有名企業では、応募者が何千人と殺到することから「特定の大学専用の会社説明会」を開いたり、特定の大学でないと「リクルーター面接に呼ばれない」

ということがあったりします。実際、そういった難関大学名が大学別の採用実績に記載されていることが多いのですが、そうでない大学の就活生も、就活の早期化によって選考日程が実質複線化・分割化されたことで、様々なルートで内定まで辿り着けるようになっています。

大学別の採用実績を敢えて参考にするのであれば、自分の大学の偏差値と同じくらいの大学名が複数載っていれば、その企業から内定をGETできる確率は相当高い。少しでも載っていれば、その企業から内定をGETできる確率は高い。まったく載っていなければ、その企業から内定をGETできる確率はある。といったものでしょう。ただ、これは業界や職種によっても異なりますから、やっぱり参考にならないですね。

採用実績を気にし過ぎて、「自分はFラン大生だから…」と、自分で自分に学歴フィルターをかけてしまわないようにしてください。

トライ&エラーを高速回転する

インターンシップやグループディスカッションで一緒になった難関大生が物凄く優

秀だった。レベルが違い過ぎた。頭の回転は早いし積極的だし、個性的だけど協調性も持っていて、理性も教養もあり賢い。社交的で気配りもできて、コミュニケーション能力が高い。何より、自信を漂わせている。それに比べて私はなんてダメ人間なんだろう。本当に自分がイヤになった。

こうやって自分自身で学歴フィルターをかけてしまう、これ就活あるあるです。私もそうでした。

他の就活生と比べて、自分に何が足りないのか。失敗した理由と原因は何か。この分析を就活期間中に繰り返すことで成長していきます。**失敗は成長の機会です。**それを受け入れて学ぶことが、就活の成功につながります。

書類選考や面接でのお見送りは、自分の弱点や改善点を知る良い機会ですし、他の就活生と比較することで自分の強みや弱み、「興味・関心」の再評価・再認識にもつながります。困難に打ち勝つための柔軟性や粘り強さ、精神的な回復力も自然と身についていきます。これが、難関大生ばかりの「優秀層」が実際に行っている試行錯誤、トライ&エラーの高速回転です。

失敗を前提に行動して、経験して、分析して活かしていく。その結果として成長し、就活もうまくいく。就活期間中に内定が取れるように成長するためには、「優秀層」でさえ、いくつかの失敗経験が必須なのです。

失敗から学ぶことは、将来のキャリアや人生においても価値のある経験となり得ます。大切なのは、失敗を否定せずに受け入れ、成長のための学びとして捉えることです。その繰り返しが「キャリア形成」です。誰からも応援されながら「キャリア形成」に集中できる期間は、長い人生の中でも就活しかありません。それも、1年と決まった期間のうちに何度もトライ&エラーを繰り返せますから、これはもう十分に活かすしかないですよね。

失敗を恐れる気持ちは十分理解できます。私だって失敗するのはイヤです。しかし、失敗から逃れようとしていたら、夏のインターンシップへも申し込めなくなりますし、1回選考に落ちただけで就活自体を辞めてしまったら、20社落ちることは当たり前の就活ですから、決して内定を取得することはできません。

失敗経験を活かすことは、何も「優秀層」だけの特権ではありません。いわゆるFラン大生でもやろうと思えばいくらでもできますし、そうすれば学歴フィルターを突破することが間違いなく叶います。

地方フィルターは逆に活かす

学歴フィルターと同じように突破しなければならないのが、地方フィルターです。就活は住所不問、なのに首都圏の大学出身者ばかり大手企業や外資系企業、大人気の企業上位50社から内定を貰える。これって地方フィルターじゃないの？　と訝しむものではありません。多くの企業が東京に本社を置いていることもあり、地方の就活生は選考のために上京をする必要があります。そのため、新幹線等の交通費や移動にかかる時間等、都心の就活生に比べて頭を悩ますことが多々あるとは思います。

こういったハンデは確かに存在しますし、交通費や宿泊費をバイト等で貯めておかなければならない、学業とのタイムマネジメントが難しいといった制約もあります。これこそが、首都圏の就活生が有利な理由です。

しかし、それはあくまでコロナ前の話。コロナ禍によるテレワークとオンライン就活の浸透により、働き方や就活が劇的に変わったことで、就活での地方格差はかなりなくなってきた、どころか**地方の就活生に有利となる場面も増えてきました**。そこでここでは、生涯収入最大化のために必要不可欠な、結果論としての地方フィルターを突破する努力を説明していきます。

首都圏の就活生もぜひ読んでくださいね。首都圏在住でも要対策な事項ですので。

テレワークにより第三の選択肢が登場

コロナ禍をきっかけに普及したテレワークですが、その実施率は少しずつ下がってきています。2023年5月より、新型コロナウイルスを季節性インフルエンザと同じ5類に移行したことで、テレワークの対象者や日数を減らしたり、元の働き方に戻したり、という企業が増えているからです。

全国平均の倍以上、テレワーク実施率がある東京都でさえも下落の一途であり、2024年1月時点のテレワーク実施率（従業員30人以上の都内企業）は41・6％と、最も高かった2020年8月の65・0％と比較すると20％以上も下がっています（東京都「テレワーク実施率調査結果2024年1月」より）。

しかし、首都圏の場合、「オフィス勤務等テレワーク向きの職種が多い」、「通勤時間が長い企業が多く、テレワーク導入のメリットが大きい」、「都心に高い賃料を払ってまで広い本社を抱えなくて済む」等、企業・従業員ともにメリットが多く、実際に働く人たちの「テレワークがしたい」というニーズが高いこともあり、ワークライフバランスを取りながら快適に働くための手段としてのテレワークはなくならないでしょう。ここに地方の就活生のチャンスがあります。

これまで地方大学出身者は「地元で就職するか、それとも首都圏をはじめとする三大都市圏か」の2つの選択肢しかありませんでした。**それがテレワークの進展により「地元にいながら三大都市圏、特に都内に本社がある企業に就職」という第三の選択肢が登場したのです。**地方の就活生からすれば、第三の選択肢によりファーストキャリアを「見つける方法」（選択肢を広げる）が増えたことで、むしろ首都圏の就活生よりも有利な場面が出てきました。逆の「地方企業がテレワークするから首都圏の就活生もおいでよ！」は極少数ですから。

この第三の選択肢が今後どう広がるのか、それとも狭まっていくのかはわかりません。しかし、テレワークという企業にとっても従業員にとっても十分得のある働き方の存在を私たちが知ってしまったからには、なくなることは決してありません。

働き方の変化は企業だけでなく就活も変えていきます。今後主流になると思われるジョブ型雇用等、そうした変化を確認しつつ就活を進めてみてください。変わるときは一気に変わるのが就活ですから。

オンライン就活により地方格差が縮小

これまで地方の就活生にとって、地元企業の会社説明会やインターンシップに参加しやすいメリットはありましたが、選択肢が少なく、かといって首都圏をはじめとする三大都市圏の企業にアクセスするには、時間的・金銭的な負担が大きいものでした。そのため、特に首都圏で開催されることが多い就職フェアや合同会社説明会等の就活イベントに参加しづらく、就活情報や企業との接点が少なくなり、首都圏の就活生と違ってチャレンジ回数も限られていたことから、選考はどうしても不利になっていました。これが地方フィルターと呼ばれるものです。

しかし、**コロナ禍で就活は一気にオンライン化が進み、現在ではESの提出から最終面接まで、選考フローのすべてをオンラインで行う企業も少なくありません。**主流は説明会や1次面接はオンライン、2次面接以降は対面というハイブリッド形式ですが、時間的・金銭的な負担の軽減は、地方の就活生の選択肢を大きく広げました。

都市部の企業にとっても、「交通費なし」、「移動時間なし」、「時間制限なし」のオンラインで面接ができるようになったことで、地方の優秀な就活生を取りやすくなりました。就活生・企業ともに地方格差はかなり縮小してきたと言えるでしょう。このビッグウェーブに乗らない手はありません。

そこで地方の就活生におススメしたいのが、オンラインを活用して首都圏の就活生とも仲間になることです。学生数がどうしても少ない地方の環境では、リアルで人を集めるよりも、SNSの活用が情報を集めやすいからです。

「就活は団体戦である」とのマインドセットで、大学3年生春から就活をはじめる首都圏の「優秀層」とチームを結成して、確かな就活情報を集めてみてください。これで時間的制約、金銭的制約の他に、情報的制約と精神的制約もなくなりますから。

インターン等の地方特典を活かす

これまでも、就活において地方の就活生が有利になる場面はいくつかありました。いわゆる地方特典です。企業の採用担当者の「採用に偏りがあってはいけない」との考えから、結果論として地方特典(となっているもの)について紹介します。決して門前払いはしない、それでいて結果的に特典となっている要素をこちらも7つ、並べます。どれも活かしましょう!

1. 地元企業での採用で有利(三大都市圏から応募が来ないぞ!)
2. 首都圏と地元企業のインターンシップに参加可能(選択肢が広がっている!)
3. 首都圏に本社がある会社の地方採用枠に応募できる(本当の特別枠だぞ!)
4. 首都圏まで就活に出ること自体、企業から評価される(わざわざありがとう!)
5. 地方出身というだけでESや面接で印象に残る(珍しいから!)
6. 同郷出身の採用担当者がいると話が弾む(共通項があると親しみを感じる!)

7．地方の就活生に特化した就活サイトやコミュニティの存在（応援してもらえる！）

これらは結果的に地方特典（となっているもの）ですので、使わない手はありません。一つずつ特典を活かしましょう。

特に2．については、大学3年生春の時点でスタートを切ることに有利となります。首都圏と地元企業のインターンシップ、どちらも早めに参加してください。インターンを実施している企業は首都圏が中心となっていますから、地方では募集の数もぐっと少なくなります。体験できる職種も多様な首都圏のインターンプログラムは、ファーストキャリアを「見つける方法」（選択肢を広げる）にとても有効です。

また、地方と首都圏の違いに早々慣れることができます。交通量や人の多さ、電車の混雑具合等、地方と首都圏ではかなり違いますし、地方の企業と首都圏の企業ではスピード感や文化も違ってきます。本格的な就活が始まって上京してから「こんなに違うんだ……」と圧倒されないように、インターンに参加してあらかじめ地方と首都圏の違いに慣れておくことで、スムーズに就活が進められます。

生涯収入を最大化する就活の技法

その2 就活先の選択

業界研究や企業分析はほどほどに、とにかく動け

いよいよここからは、ファーストキャリアを「見つける方法」（選択肢を広げる）の具体的な進め方です。選択肢は、「生涯収入最大化＝環境×成長×キャリア」の3軸公式に則り、この3つを多く満たす企業をエントリー先として確保することで広げていきます。

どういうことかと言いますと、P87「就活航海マップ」の**「その2 就活先の選択」（図8）**に則り、

①リスト化した30社にエントリー（インターン、説明会、OB／OG訪問等）
②企業分析を「5つのKnow」で行う（業界研究・企業分析）
③企業を3軸公式で◎〇△評価（3軸公式評価）

④選考結果が出た企業をリストから除外して入れ替え（早期選考・入れ替え）

これを、大学3年生春から、大学4年生6月の本選考までの1年間、何度も繰り返していきます。最終的なES提出まで30社前後行った状態になっていればOKです。ついでに早期選考で内定が1、2つ確保できていると最高です。

行動の手数と速さが就活の勝敗を分けますので、「優秀層」スケジュールではじめつつ、トライ&エラーの高速回転のために、とにかく動いてください。

とにかく動くスケジュール詳細

就活の詳細なスケジュールはP59の**図7**の通り、事実上複線化・分割化されています。それだけ複雑化・長期化しているマイナス面が強調されることが多いのですが、裏を返せば自分なりの「就活の軸」を定められる、試行錯誤が何度もできる期間が十分にある、ということでもあります。

とにかく行動量が求められるので、ちょっとしんどいとは思いますが、ここが生涯収入最大化の肝となりますので頑張ってください！　応援しています！

図8 就活航海マップ 「その2 就活先の選択」

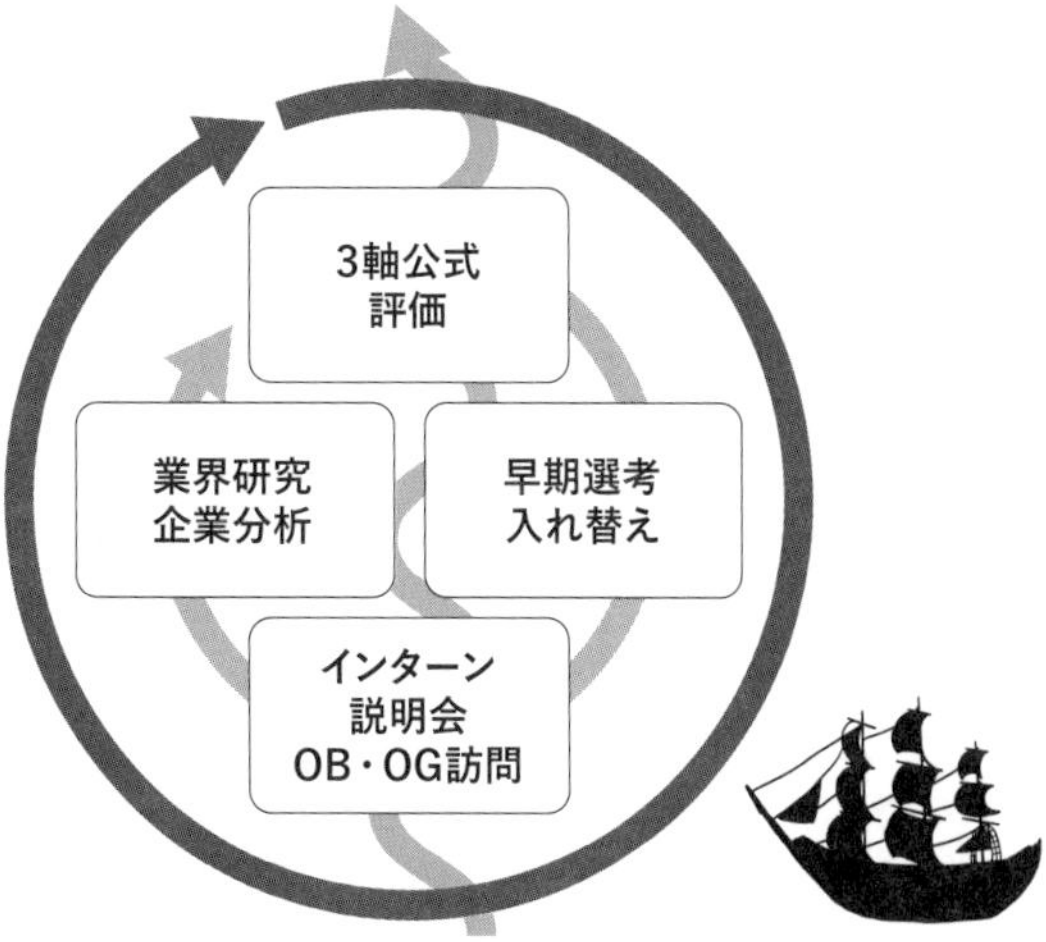

①リスト化した企業にエントリー(インターン、説明会、OB／OG訪問)

就活サイト等を利用して、リスト化した30社の過去ESの設問と選考体験記を読み込みつつ、夏のインターンシップや合同会社説明会、OB／OG訪問、早期内定が狙えそうな会社の説明会等に「片っ端から」応募してください。

最優先は「選考機会の獲得」、すなわち応募、エントリーです。企業とは、出会わなければ出会えません。行きたい会社を見つけてからじゃなくても会社説明会くらい行っていいです。エントリーを逃したらそこまでですから、とりあえずインターンシップや会社説明会に行ってみましょう。選考を受けるかどうかはそれから考えれば大丈夫、入社の覚悟は不要です。

その際、**経験値として貯めておきたいのは、この時点のESは通過したのか、適性検査（SPI、玉手箱等）やグループディスカッションを一通り体験できたか、カジュアルでもいいので面接を何回か経験できたか、OB／OG訪問はできたか**、です。徐々に精度を高めていくためにも、これらを一通り経験することを最優先にしてください。まだ序盤戦なので選考結果は気にしないで、とにかく就活を体験すること。それを最重要視します。この時点で内定が取れたら超ラッキー！　と思いましょう。

②企業分析を「5つのKnow」で行う（業界研究・企業分析）

①での経験で気付いたこと、感じたことを踏まえつつ実施します。後に詳しく説明しますが、ここはじっくりと取り組んでください。面接対策も兼ねていますので、時間をかけて深めていきます。同時に、企業分析に基づいた自己分析も重ねて、ES3点セット（ガクチカ（学生時代に力を入れたこと）、自己PR、志望動機。詳細は**「その3．自己分析」**で解説）の完成度を高めていきます。

③企業を3軸公式で◎〇△評価（3軸公式評価）

②を踏まえて、秋冬のインターンシップ前後に、リスト化した30社が3軸公式の各項目をどれだけ満たしているのか評価します。こちらも後で詳しく説明します。3段階評価にしているのは◎本命、〇対抗、△押さえ、というランク分けですが、各項目の点数だけで機械的に評価することはしません。点数は参考値として、30社の中で「比較的いいかも」といったフィーリングに合ったランク分けにしてください。意外と直感は合っていますから。

④選考結果が出た企業をリストから除外して入れ替え（早期選考・入れ替え）

大学3年生冬の段階で、すでに結果が出てしまった、③で行きたくない会社だと気付いてしまった企業はリストから除外します。ここまで来ると業界や職種、企業の情報がかなり集まっていますし、就活の経験値も溜まっています。すると、新たに「ここも比較的いい会社かも」と思える企業が現れますので、30社を保つようリストに追加しつつ、引き続きリストに入れた企業のイベント、早期選考に応募しまくって3軸公式で◎〇△評価、を「就職航海マップ」に則ってひたすら繰り返してください。

これが「就活の軸」を定めるための試行錯誤、トライ&エラーであり、ファーストキャリアを「見つける方法」（選択肢を広げる）です。

何度も強調しますが、とにかく動きましょう！

業界や職種で絞らない

とにかく動け、と行動量ばかり強調していますが、**動きながら業界研究や企業分析をすることが大切です。** 特に企業分析を「5つのKnow」で行うのは、じっくりと時間をかけて取り組んでほしいですし、実際にやりはじめると相当な時間がかかります。その反面、業界研究はざっと調べる程度でいいです。理由は、就活で業界絞りをする意味がないからです。

「業界は絞った方がいいですか？」就活生からの相談でよくある質問です。業界絞りをしないと企業分析がなかなか進まない。絞って受けている就活生と比べると、理解度で遅れをとりやすいのでは？　という不安ですが、安心してください。**今の時代に業界絞りは不要ですし、何でしたら職種絞りすら不要です。**

表5 業界一覧

業界大分類	業界中分類	主な業種
金融・保険	外資系金融	外資系金融
金融・保険	投資	投資信託委託・投資顧問、商品取引、証券・投資銀行
金融・保険	金融	金融総合グループ、政府系・系統金融機関、銀行、事業者・消費者金融、その他金融、共済、信用組合・信用金庫・労働金庫
金融・保険	保険	生命保険・損害保険、リース・レンタル、クレジット・信販
コンサルティング	コンサルティング	専門コンサルタント、シンクタンク・マーケティング・調査、個人事務所（士業）
環境・エネルギー	環境・エネルギー	環境関連設備、電力・ガス・エネルギー、環境・リサイクル
商社	商社	総合商社、専門商社
不動産・建設・設備	不動産	不動産
不動産・建設・設備	住宅関連	住宅・建材・エクステリアインテリア・住宅関連
不動産・建設・設備	建設・設備	リフォーム・内装工事、建設コンサルタント、建設・土木、設計、設備工事
IT・通信・インターネット	IT・インターネット	ゲーム関連、ソフトウェア・情報処理、インターネット関連
IT・通信・インターネット	通信	通信関連
メーカー	メーカー	総合電機、プラント・エンジニアリング、自動車等輸送用機器、その他電気・電子関連、半導体・電子・電気機器、コンピューター機器、精密機器、ゲーム・アミューズメント製品、家電・AV機器、通信機器、重電・産業用電気機器、医療用機器・医療関連
メーカー	生活関連	日用品・雑貨、スポーツ・レジャー用品（メーカー）、文具・事務機器関連、食品、繊維・アパレル、その他メーカー
メーカー	素材メーカー	繊維、鉱業・金属製品・鉄鋼、セメント、ガラス・化学・石油、窯業・セラミック、ゴム、非鉄金属、紙・パルプ
サービス・レジャー	レジャー	旅行・観光、レジャーサービス・アミューズメント
サービス・レジャー	教育	教育
サービス・レジャー	サービス	冠婚葬祭、人材派遣・人材紹介、アウトソーシング、ビル管理・メンテナンス、セキュリティ、フィットネスクラブ、その他
サービス・レジャー	美容・理容	エステティック・美容・理容
サービス・レジャー	医療・福祉・介護	医療・福祉・介護サービス
サービス・レジャー	ホテル・旅館	ホテル・旅館
マスコミ・広告・デザイン	マスコミ・広告	広告、新聞・出版・印刷、放送・映像・音響
マスコミ・広告・デザイン	デザイン	アート・芸能関連、ディスプレイ・空間デザイン・イベント
運輸・交通・物流・倉庫	運輸・交通	海運・鉄道・空輸・陸運
運輸・交通・物流・倉庫	物流・倉庫	物流・倉庫
流通・小売・飲食	宝飾品・貴金属	宝飾品・貴金属
流通・小売・飲食	流通	流通・チェーンストア、通信販売・ネット販売
流通・小売・飲食	小売	各専門店、ドラッグストア・調剤薬局、ホームセンター、百貨店、コンビニエンスストア
流通・小売・飲食	化粧品・医薬品	化粧品・医薬品
流通・小売・飲食	外食	総合、洋食、和食、アジア系、ファストフード

出所：マイナビ転職「2023年版　業種別 モデル年収平均ランキング（https://tenshoku.mynavi.jp/knowhow/income/ranking/02/）」を参考に作成　※公的機関、その他は除外

業界一覧は**表5**の通りなので、業界で絞ったとしてもたくさんの業種があります。それに、現代の企業の大半は、複数のビジネスを業界跨ぎでシームレスに展開しています。たとえば楽天グループ株式会社はいろいろやり過ぎていて、もはや本体が何かわかりません。創業は「楽天市場」なので小売業ですが、現在は総務省の日本標準産業分類でいうと売上規模の大きい「楽天銀行」の金融業に当たります。世間一般的にはＩＴ企業で通っていますよね。一昔前のように業界の分け方がわかりやすかった時代とは異なっているのです。

特にここ数年は、ＤＸ（デジタルトランスフォーメーション：デジタル技術を活用して業務プロセスやビジネスモデルを変革し、イノベーションを推進する取り組み）の進展により、メーカー、エネルギー、運輸等、すべての業界で垣根がなくなりつつあります。あらゆるデータがデジタル化により瞬時に集まる現代では、ＩＴを基盤として調達から製造、物流、マーケティング、販売を一体でやらなければ生き残れないからです。これだと複数の職種が同じ企業に属することにもなりますので、Ｐ１０４に掲載の**表6**での職種絞りすら意味がなくなります。ＩＴエンジニアは今やどの企業でも社内ＳＥとして抱えていますし、営業が不要な企業は皆無です。業界絞りや職種絞りをしてしまうと、ファーストキャリアの選択肢が狭まるだけです。

「どうしてもこの業界じゃないと！」、「この職種じゃなきゃイヤ！」との強い意志がある場合や、「専門職に就きたい！」であれば、絞っていただいても構いません。ですが、その絞りが縛りにならないよう、「未内定だから業界の幅を広げます！」と大学4年生6月になってから慌てないよう、自縄自縛だけは避けてください。

業界と職種、ポジションの関係

ざっと調べる程度でいい業界研究ですが、志望動機を作成するときに困りますので、しなくてもいいわけではありません。リストの企業が属する業界（複数跨ぐ場合は主な業界）について、企業分析を「5つのKnow」で行う前に「日経業界地図」と「就職四季報」を30分ほど読み込んでください。これなら複数業界を確認しても1日かかりません。面接前に改めて、細かい情報を補強していけば十分です。

そのうえで、少なくともこれだけは就活で把握しておきたいのが、

・業界と職種の組み合わせ

図9 「業界×職種」で年収は決まる

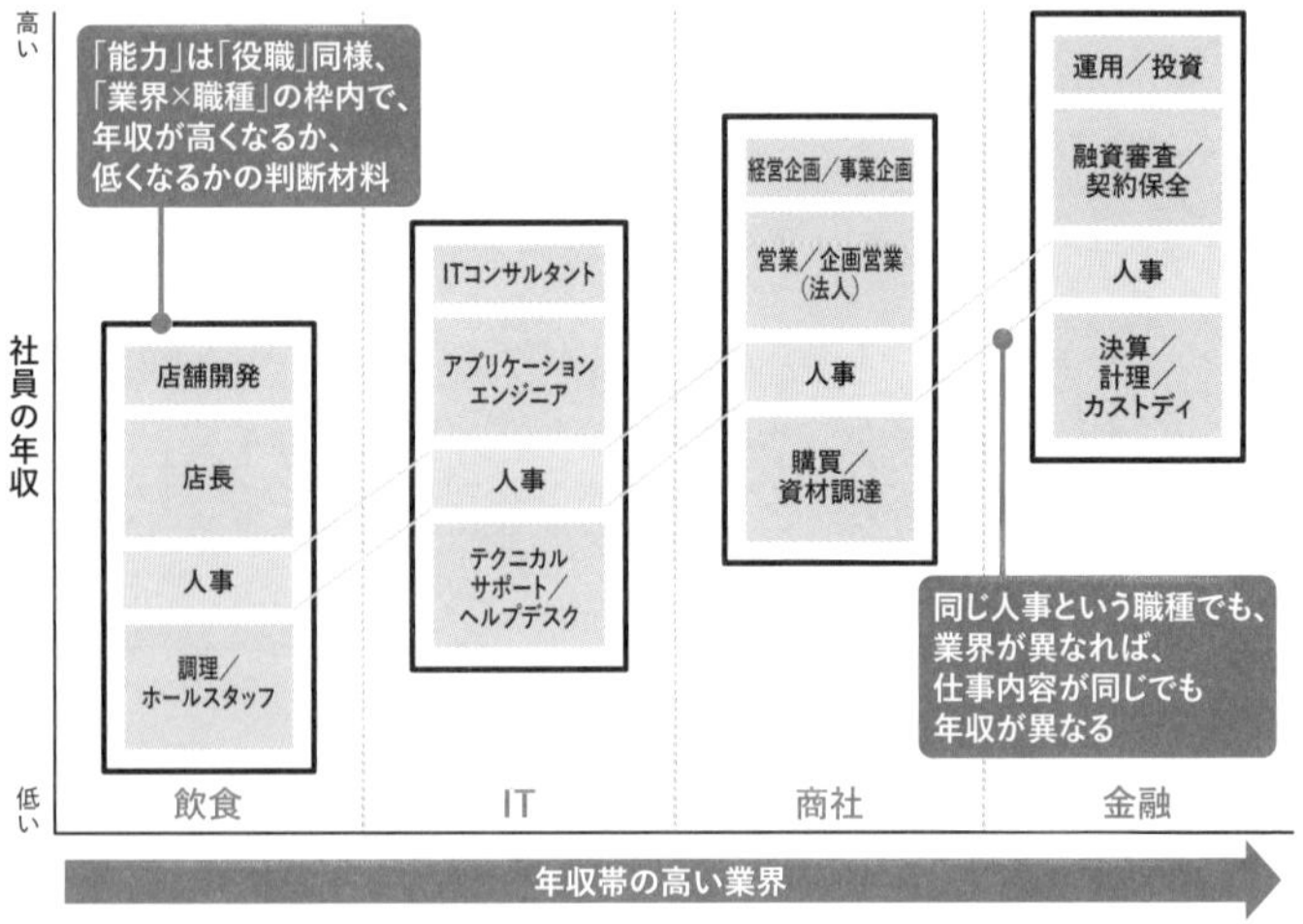

・業界とポジションの組み合わせ

の2つです。生涯収入最大化のために、そしてブラック企業を避けるためにも、この2つはぜひ覚えておいてください。

業界と職種の組み合わせとは、**図9**の通り、**年収や待遇は「能力」で決まるものではなく、事実上「業界×職種」で決定されている、ということです。**高い年収以外にも、充実した福利厚生やワークライフバランス、職場の温かい雰囲気や心地良い人間関係でさえも、それを実現するためには「会社が社員一人ひとりや組織に対して投資できるほど儲かっている状態」が必要です。会社が儲かるかど

図10 ポジションマトリクス

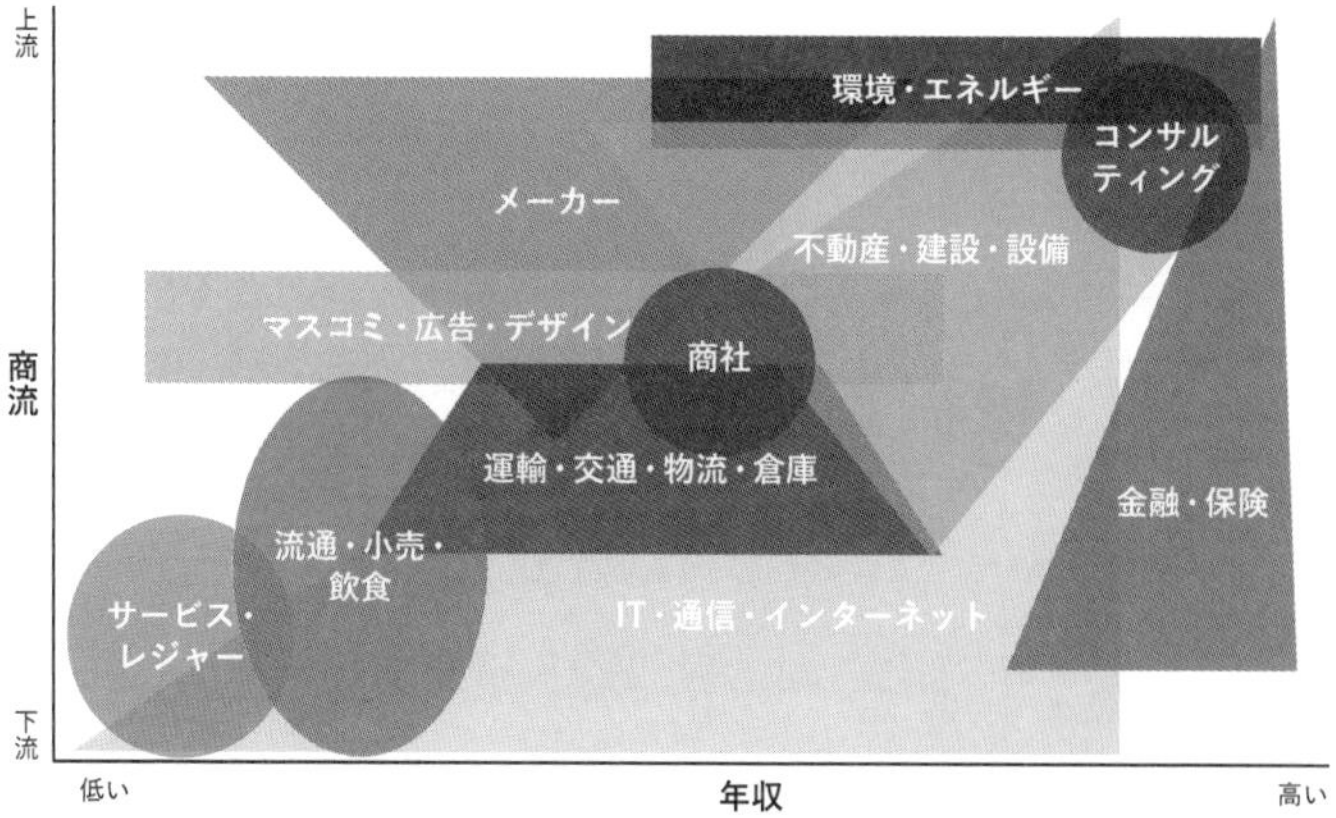

出所：マイナビ転職「2023年版　業種別 モデル年収平均ランキング（https://tenshoku.mynavi.jp/knowhow/income/ranking/02/）」を参考に作成
※公的機関、その他は除外

うかの大部分は業界の利益構造に左右されます。だからこそ、業界選びで年収や待遇のほとんどが決まります。

業界とポジションの組み合わせとは、**図10**の通り、年収や待遇は「業界×職種」に加えて、商流という会社のポジションとの組み合わせ「業界×ポジション」でも決定されている、ということです。商流とは「商的流通」の略で、生産者から消費者まで商品の所有権が移転されていく売買活動の流れを指します。川の流れのように上から下へと流れていく、会社同士の商流の代表的な例は**図11**の通り、3つあります。

3つの商流とも、下流に位置する会社

図11　代表的な商流

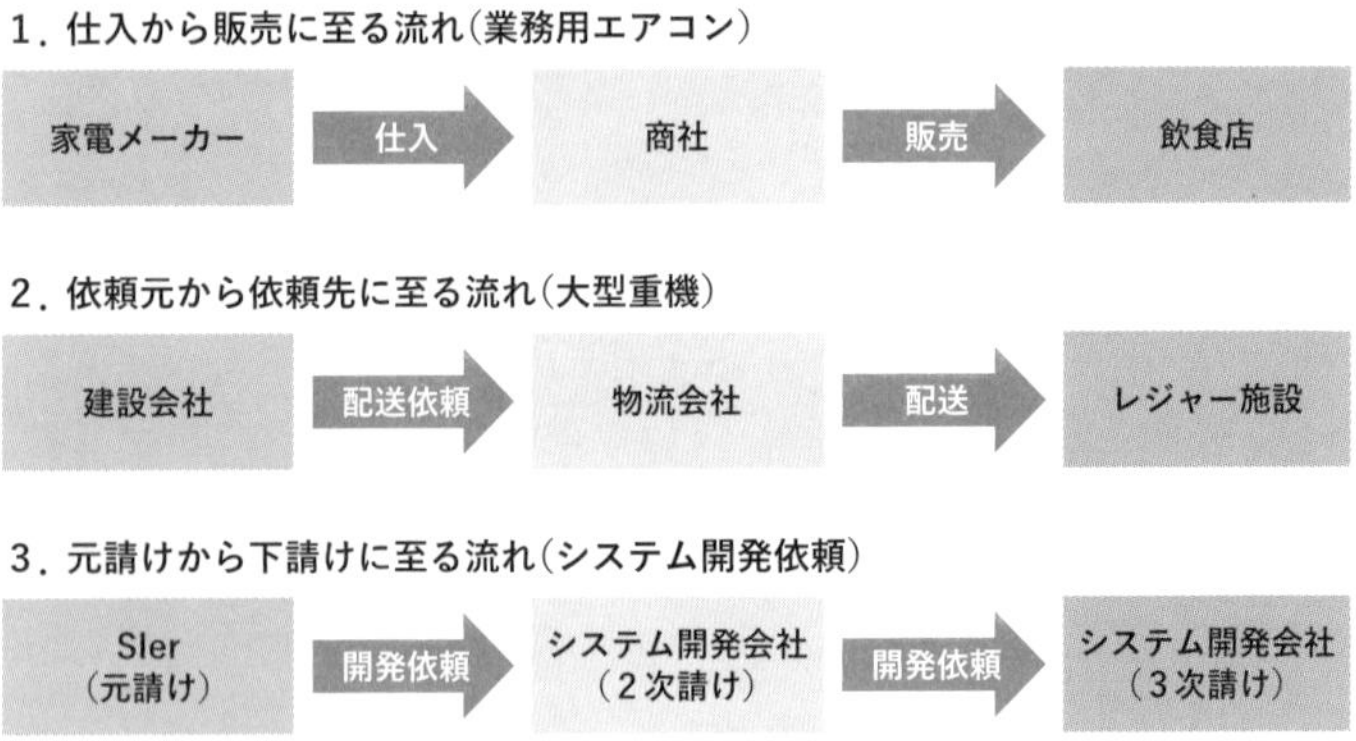

ほど社員の待遇が悪くなる傾向があります。商流的に上の会社の言いなりになりがちのため、賃上げの時代でも人件費の価格転嫁等での値上げが通らないからです。逆に商流が上流だと、中間に位置する会社に利益を乗せられることがないため、適正価格で取引でき、会社も儲かりますので賃上げが達成できます。

とはいえ、業界の垣根はなくなってきていますし、複数の業界やポジションを跨ぐのが企業にとって当たり前になりつつあるため、**業界研究よりも「企業分析」、それも「志望する企業がどれだけ儲かっているのか、儲け続けられる成長力があるのか」、こちらが優先されます。**ですが、この業界選びの真実は知っておいて損はないですよね。

業界や会社の成長力を確認する

業界の成長力については、ざっと調べる程度でいい業界研究で十分把握できます。「日経業界地図」と「就職四季報」を読んだらお腹一杯、で構いません。それらを読んでいるだけで「優秀層」の仲間入り、「普通層」や「うっかり層」とは情報量で明確に差がつきますから。

ただし、業界研究だけでは「斜陽業界なのに成長している企業」や、「業界を跨いで成長している企業」を把握することが叶いません。たとえば、斜陽業界の代表格である出版業界に属するスターツ出版株式会社は、「デジタルネイティブなZ世代に「紙の本」を売る戦略」で、書籍コンテンツ事業の売上をこの5年間で約3倍に成長させています。また、レンタルDVD業界の雄である株式会社GEOホールディングスは、動画配信サービスにより絶滅間違いないレンタルDVD部門を縮小させつつ業界トップシェアを維持、同時にリユース業への事業転換でグループ全体の売上拡大と成長をし続けています。

会社の成長力は、「成長している業界の中でシェアを拡大しているか」という面が強いのですが、衰退しているものの規模が大きい業界の中で、敢えてシェアを取りに行く経営戦略もありますので、「志望する企業がどれだけ儲かっているのか、儲け続けられる成長力があるのか」に加えて、**「会社の売上が伸びているか」、「初任給が同業界の競合他社と比較してどうか」**を企業分析で確認していきます。

企業分析「5つのKnow」

企業分析を「5つのKnow」で行うには、正しい順番があります。ここでは、それぞれどのように進めていけばよいのか、具体的な方法を解説します。会社の成長力を競合他社と比較できるよう、はじめに企業の概要から把握していき、徐々に具体的な項目へとフォーカスを当てていきます。

①企業の概要を知る

企業の概要は、企業ホームページや就活サイトを利用して調べます。まずは概要で十分なので、それ以外は見ることをしないで、企業の全体像を掴むことに注力しましょう。従業員数や事業場所等の基本的な会社情報や分類される主な業界、ビジネスモデル、事業内容、主要な製品やサービス等を押さえておくようにします。企業の歴史や社会的な責任を背景とした、企業の経営理念や行動指針も忘れずに要チェックです。

②企業の強みを知る

企業の強みとは、イコール儲けと成長力につながっている力のことです。ここでは、その企業が属する業界（複数の場合もあり）での位置付けや商流のポジション、業績の推移はどうなっているのかを把握します。また、特有のビジネスモデルや独自技術、ブランドイメージ、顧客基盤といった競合他社との差別化ポイントや、初任給といった待遇も確認してください。これも企業ホームページや就活サイトで事足ります。

敢えて付け加えるなら、企業ホームページで投資家向けに公開されているＩＲ情報から、最新の「有価証券報告書」や「統合報告書（企業の売上や資産等、法的に開示が定められた財務情報に加え、企業統治や社会的責任（ＣＳＲ）、知的財産などの非財務情報をまとめたもの）」を読むのもアリです。ただ、どちらも会社によっては１００ページを超えるので、**「有価証券報告書」冒頭にある「事業の内容」欄の数枚だけ読む**、に留めてください。30分もかかりませんから。

③企業の動向を知る

企業の現在の動向と、将来の展望を把握します。最新のニュースや業界のトレンド、技術の進展等をネットや書籍から追い、企業が直面している課題やチャンスを成長力として掴み…は難易度が高いので、**企業の個別説明会や合同会社説明会といったイベント、インターンシップ等を通じて、採用担当者や会社の人たちから直接情報収集しましょう。**

最新の**「有価証券報告書」の「事業の状況」欄の数枚だけ読むのもアリ**です。欄内の「財政状態」以降は読まなくていいです。社会人でも理解できる人は少ない項目ですし、本来は投資家が読むものですしね。これなら30分もかかりません。

ＩＲの公開は４，０００社余りの上場企業に限定されるので、非上場企業は公開していません。統合報告書は上場・非上場関係なく取り組んでいますが、２０２３年の統合報告書発行企業数は１，０１７社のみです。志望企業が公開していなくてもショックを受けずに、直接聞きに行きましょう。

④経営者の考えを知る

企業が今後目指す中・長期的な方向性や今後の明るい未来へ向かっての展望は、経営トップの発信から知ることができます。企業ホームページの社長メッセージは必ず確認するとして、インタビュー記事やYouTube動画、X（旧Twitter）をはじめとするSNS等、経営者自身がメディアを通じて情報発信している場合も増えています。将来性や業界内での立ち位置を見極める上での大きなヒントにもなりますので、いろいろなツールで検索してみましょう。きっとたくさん出てきますよ！

⑤社風を知る

社風は職場の雰囲気そのものですから、自分自身がその環境で働きやすいか判断する上で確認を欠かせません。企業ホームページや就活サイトの採用情報、SNSから何となく感じ取れますが、**おススメなのは企業ホームページにある、社員の仕事紹介ページを読み込むこと**です。ここを確認する就活生は案外少ないです。企業の公式YouTubeチャンネルの視聴もぜひ。

これをリストの30社すべてに実施していくと、相当な時間がかかります。それに、企業ホームページや就活サイトをどれだけ読み込んでも、事業内容はある程度理解できても、実際の仕事である業務内容や職務内容まで把握することは困難です。

ですが、企業分析をそこまで深くしておくと、志望する企業がなぜ儲かるのか、成長力があるのかのイメージが付きやすくなり、就活先の選択の幅が広がります。

事業理解に業務理解も加える

ここまで解説した業界研究・企業分析で理解できるのは、大半が企業として取り組んでいる「何をしているのか?」、「何のために存在しているのか?」という、事業内容についてです。衣類メーカーなら「衣類の製造販売等」、介護事業者なら「介護サービスの提供等」、都市銀行なら「個人や企業からの預金、融資の提供等」が主な事業内容です。企業によっては多数の業界に跨って事業を広げていますので、その場合は事業内容の幅も広くなります。

企業分析において、事業内容の理解はもちろん大切ですが、さらに一歩踏み込んで、

図12 事業内容と業務内容と職務内容（自動車メーカーの場合）

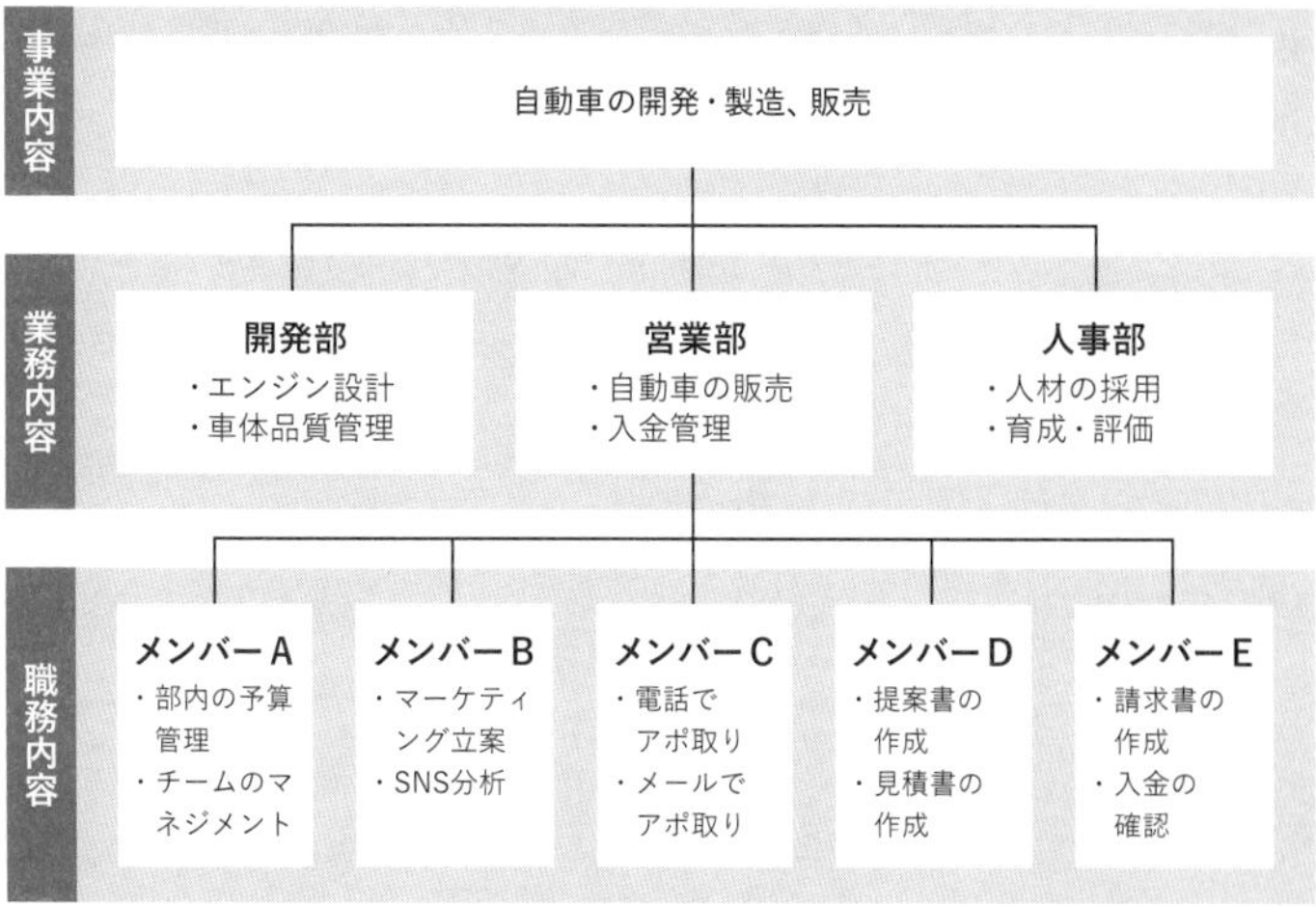

事業遂行のために「その会社に入社した社員は何をしているのか？」という、**業務内容や職務内容の理解まで進めておく**と、志望企業の組織全体が朧気ながら見えてきます。

事業内容と業務内容、職務内容の関係性は**図12**の通りです。業務内容とは、事業内容に取り組んでいる部署全体で担っている仕事内容のことです。業務内容を細分化したものが職務内容です。まず事業内容があり、それを部署ごとに分けると業務内容に、そしてさらに個々人に分けることで職務内容へと細分化されていくイメージです。

職務内容は社員個々人によって異なり、あまりに細かい情報となるので知ること自

表6｜職種一覧

No.	大分類	中分類
1	営業	営業／企画営業（法人）、営業／企画営業（個人）、代理店営業／パートナーセールス、内勤営業／カウンターセールス、ルートセールス／渉外／外商、海外営業、メディカル営業（MR・MS・その他）等
2	企画／管理	商品企画／サービス企画、リサーチ／市場調査、広告宣伝、営業企画、広報／PR／IR、購買／資材調達、物流／倉庫／在庫管理、貿易／国際業務、経営企画／事業企画、経理／財務／税務／会計、総務、人事、法務／知的財産／特許、内部監査 等
3	事務／アシスタント	経理／財務事務、総務／法務／知財／広報事務、人事事務、貿易事務、企画／マーケティング関連事務、金融事務、英文事務／翻訳／通訳、医療事務、秘書／受付、営業事務、一般事務、テクニカルサポート／ヘルプデスク 等
4	ITエンジニア	ITコンサルタント、インフラコンサルタント、プリセールス、アナリスト、Web、アプリケーション、サーバー、ネットワーク、データベース、セキュリティ、社内SE、研究開発／R&D、品質管理 等
5	モノづくり	基礎研究、製品企画、機械設計／金型設計／光学設計、回路設計、組み込みエンジニア、評価／実験／デバッグ、品質管理／品質保証、生産技術、技術営業、整備士／サービスエンジニア 等
6	建築／土木	技術開発／部材開発／解析／調査、建築設計／デザイン／積算／測量、施工管理、設計監理／施工監理／コンストラクションマネジメント、プラントエンジニア、CADオペレーター、品質管理／品質保証、設備保全／保守／設備メンテナンス 等
7	素材／科学／食品／医学	研究／開発、分析／評価、生産／製造／工場運営、品質管理／品質保証、臨床研究、データマネジメント、薬事、生産／製造、学術／メディカルサイエンスリエゾン 等
8	クリエイティブ	プロデューサー／ディレクター／プランナー、編集／記者／ライター、デザイナー／クリエイター、ファッション系クリエイティブ職、ゲームクリエイター（Web・モバイル・ソーシャル）、芸能マネジャー 等
9	金融／コンサルタント／不動産	運用／投資銀行、融資審査／契約保全、決算／計理／カストディ、ファンドマネジャー、トレーダー／ディーラー、各専門コンサルタント、ISO、M&A、不動産鑑定、デューデリジェンス、不動産管理、アセットマネージャー 等
10	医療／福祉	薬剤師、登録販売者、看護師／保健師／助産師、歯科技工士／歯科衛生士、理学／作業療法士、言語聴覚士／視能訓練士、臨床心理士、医療事務、福祉／介護／栄養、事業責任者／施設長、ケアマネジャー、ヘルパー、生活相談員／生活支援員 等
11	販売／サービス	店長、販売／接客担当、バイヤー／MD、店舗／施設管理／店舗開発、調理／ホールスタッフ／フロアスタッフ、美容／エステ／マッサージ、旅行／宿泊／ホテル、冠婚葬祭関連職、運輸／物流サービス 、警備／清掃／監視／保守、ドライバー 等
12	保育／教育／人材	教育／スクール運営、保育、講師、人材コーディネーター、コールセンター／カスタマーサポート、コールセンター管理／運営、サポートデスク／テクニカルサポート、オペレーター／アポインター 等

出所：マイナビ転職TOP「職種から求人を探す（https://tenshoku.mynavi.jp/）」及びdoda「職種図鑑（https://doda.jp/guide/zukan/）を参考に作成」

体が難しいため、ここでは業務内容＝**表6**の職種一覧の理解（誰に、何を、どうやって提供しているのか）まですればいいです。大分類だとざっくりし過ぎなので、中分類の内容との違いをネット検索しながら把握しておきましょう。一歩踏み込んだ業務内容の理解は、企業の成長力をよりクリアにするだけでなく、ＥＳや面接の突破確率も高められますので、可能な限り行ってみてください。

企業の業務内容を知るには、企業ホームページや就活サイトだけでは情報量が足りません。事業内容とは情報収集の難易度も違います。合同会社説明会や企業の個別説明会といった場では、ほぼ事業内容の説明で終わります。業務内容に関わる深い話は、自分から能動的に聞き出さないと得られない場合がほとんどです。

自分自身で企業分析をしつつも、様々な機会を通じて採用担当者やOB／OGから話を直接聞くことで、リアルな業務内容に関する情報を得るように行動することが求められます。

企業公認のOB／OGを紹介してもらう

採用担当者には、企業の個別説明会や合同会社説明会、インターンシップに参加すればもれなく会えます。ネット検索や企業ホームページ、SNS等で調べるだけでなく、積極的に人と会う、オンラインでいいから話かける、といった質問できる行動を取ってください。説明会後の質問タイムを利用する、最後まで残って聞きそびれたことを質問しに行く、等をしないと業務理解が深まりません。

そうやって企業分析を深めていきつつ、自分なりに調べて感じたこと、疑問に思ったことを検証・確認できるよう、机上の分析だけでなく、働く社員の生の声が聞けるOB／OG訪問をぜひ活用してください。OB／OG訪問をした経験があるのは就活生全体で24・1％のため（マイナビ2024年卒 学生就職モニター調査5月の活動状況より）、これだけで「優秀層」の仲間入りです。

「OB／OG訪問をしたくても、どうやって相手を探していいかわからない」という、**体育会やゼミルートがない「普通の就活生」は、大学のキャリアセンターへ相談して**

みてください。企業等から提供いただいたOB／OG名簿が閲覧可能ですし、OB／OG訪問ネットワークサービスを展開している大学もあります。連絡方法やメールの書き方も教えてくれますので、大学のキャリセンターは使い倒さないと損です。

もし志望企業へ入社した先輩がいなければ、OB／OG訪問支援アプリを使う手もありますし、志望企業の会社説明会で採用担当者に紹介をお願いできるか確認する、あるいは人事部へ直接連絡して紹介してもらうのもアリです。どれも失礼のないよう、マナーと節度を守って必ず「企業公認」のOB／OGから話を聞いてみましょう。企業非公認ではSNSでの噂話と同レベルで意味がないです。

OB／OG訪問には様々なメリットがあります。業界や企業について机上ではない生の情報が手に入りますし、採用担当者に聞きにくいことも本音ベースで質問できます。特に社風については、実際に働いている人にしか本当のところはわからないので、入社後をイメージしやすくなります。職場で働いているからこそのリアルな意見がもらえ、企業の雰囲気や社員の人たちの関係性等を知ることもできます。

その結果、未然に企業とのミスマッチを防げる、企業の事業・業務理解が足りなかったことに選考前や面接前に気付ける、稼ぐ力と成長力の源泉となる社員の仕事ぶりが何となく理解できる、といいことだらけです。

もちろん、メリットがあればデメリットもあります。マナーが悪かったり、事前準備もないままOB／OG訪問に行ったりすると、逆に印象が悪くなってしまいます。OB／OG訪問で就活生を評価し、選考に役立てている企業も少なからずありますので、「選考で見られている」といった気持ちで臨むのがちょうどいいでしょう。それに、対面であれオンラインであれ、時間を確保しなければなりませんので計画的に進める必要があります。

OB／OG訪問の一番の目的は、「企業分析の精度を高めて、理解を深めること」です。就活生にとっては何より業務理解の切っ掛けになりますので、可能な限り訪問してみてください。就活生にしかできない特権ですから、きっと歓迎されますよ！

「環境」＝働きやすさを確認する

企業分析を「5つのKnow」でじっくり行った後は、企業を3軸公式で◎○△評価します。3軸公式とは「生涯収入最大化＝環境×成長×キャリア」、この3軸を多く満たす企業を選択肢として確保するために、各軸それぞれの確認事項を満たしているか、リストの企業を評価します。

確認事項は3軸で12項目ずつ、合計36項目あります。36項目の一覧はQRコードからダウンロードできます。多いと思うかもしれませんが、企業分析をしっかりと行っていれば、1項目ずつ評価するのはそこまで難しくありません。この確認事項をチェックリストとして企業分析に使用しても構いません。**もちろん「それぞれの会社による」という前提はありますが、どの項目も生涯収入最大化に欠かせない評価項目ですから。**

最初に、「環境」視点で評価します（**表7**）。環境とは「働きやすさ」のこと。この項目が満たされないと、入社数年後に「給料が安い、休みがない、人間関係が悪い」と不満を覚えます。

このような不満をすぐに覚えてしまう会社では、仕事が楽しいとか満足感を覚える前にさっさと辞めたくなりますよね？　実際に、入社3年目までの退職理由で影響の大きかったもの第1位〜第5位まで占めるのがこの「働きやすさ」です（**※図13**）。

表7 環境（働きやすさ）＝不満の解消

観点	待遇を満たしているか				人間関係の良さを満たしているか				ワークライフバランスを満たしているか			
項目	Q1. 時間外労働や休日出勤は少ないか？	Q2. 年間休日数は多いか？	Q3. 有給休暇や育児休暇は取りやすいか？	Q4. 報酬水準が高く、仕事内容に十分見合っているか？	Q5. 社員同士のコミュニケーションは円滑か？	Q6. 上司と部下の関係性は良好か？	Q7. ○○ハラの防止が徹底されているか？	Q8. トラブル時における専門の第3者への相談窓口はあるか？	Q9. 都合に合わせて働く時間帯や曜日、日数等を柔軟に変更できるか？	Q10. テレワーク等の仕事の環境に選択肢があるか？	Q11. その他福利厚生は整っているか？	Q12. 社員のモラルは高いか？

それでは、「働きやすさ」チェック12項目を、4項目ずつ解説していきます。

待遇を満たしているか

Q1. 時間外労働や休日出勤は少ないか？
Q2. 年間休日数は多いか？
Q3. 有給休暇や育児休暇は取りやすいか？
Q4. 報酬水準が高く、仕事内容に十分見合っているか？

なんだかブラック企業対策そのものっぽい気がするあなた、正解です。ブラック企業を避けるためのチェックその1で

図13　退職理由で、影響の大きかったもの

Q. 退職理由で、影響の大きかったものを最大２つまでお選びください。
※ 「退職経験」で過去３年に自己都合退職したことが「ある」と回答した人にお伺いしています。

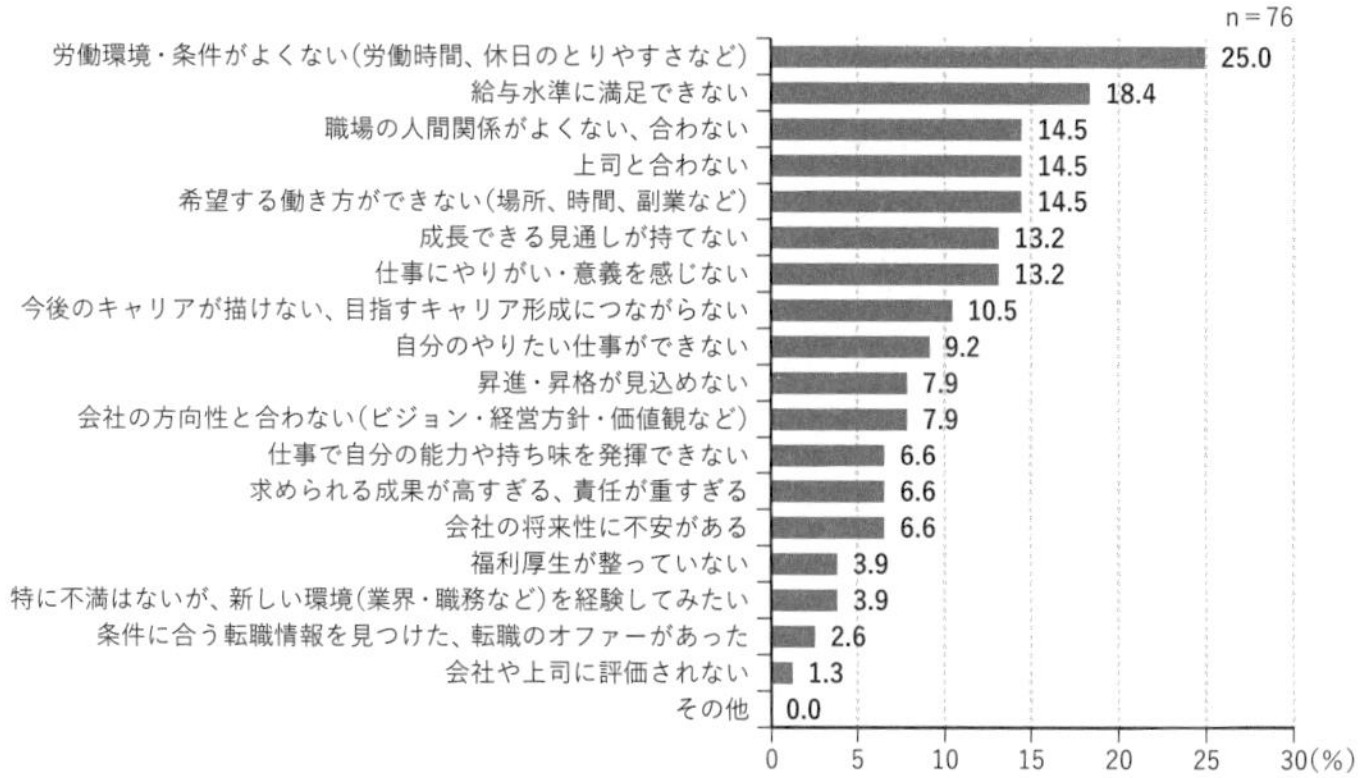

出所：株式会社リクルートマネジメントソリューションズ「新人・若手の早期離職に関する実態調査」
https://www.recruit-ms.co.jp/press/pressrelease/detail/0000000417/　より抜粋

す。厚生労働省は「ホワイト企業」と同様に、「ブラック企業」について明確に定義していませんが、一般的な特徴として、①労働者に対し極端な長時間労働やノルマを課す、②賃金不払残業やパワーハラスメントが横行する等、企業全体のコンプライアンス意識が低い、③このような状況下で労働者に対して過度の選別を行う、と言われています。ブラック企業になりやすい業界と職種の組み合わせと、業界とポジションの組み合わせは事前に業界研究・企業分析を行って十分に把握してくださいね。

　そのうえで、待遇をどれくらい満たしているか、各項目でチェックしてみてください。

Q１．からQ４．まで、基本的には企業ホームページや就活サイト等に明記されています。残業時間の目安、固定残業代＆裁量労働制の有無、年間休日数や有給休暇数、それに初任給は企業分析で真っ先に確認しましょう。生涯収入最大化の大事な要素ですから。

残業時間についてはさすがに法定基準である、「月の残業時間は45時間、年間残業時間は３６０時間まで。例外があっても原則である月45時間を超えることができるのは、年６ヶ月まで」を無視している企業はないでしょうが、上限ギリギリの会社にはなにかありそうですよね。少なければ少ないほどいいです。

逆に年間休日数や有給休暇数は、多いに越したことはないですが、業界によって全然違います。不動産業界のような年間休日数が１００日を切る、土日休みの完全週休二日制も困難な業界が存在する一方、年間休日数１４０日＋有給休暇数40日を誇る「日本一『社員』が幸せ」と言われる未来工業株式会社のような製造業も存在します。できれば年間休日数は１２０日以上欲しいところですよね。就活サイトでの企業検索条件にも「年間休日数１２０日以上」が入っているくらいですから。

有給休暇や育児休暇等の取得率は、2023年3月から人的資本経営の開示義務により、有価証券報告書へ記載する企業が増えてきました。しかし、IRの公開は上場企業に限定されますし、その中でも開示義務のある人的資本情報の項目はまだ少ないので、有価証券報告書を読むよりも実際に働いているOB/OGに直接聞くほうが確実です。各種休暇が取りやすい・取りにくいは社風に左右されますので。

報酬水準である大卒初任給の平均は、厚生労働省「令和4年賃金構造基本統計調査(新規学卒者)」によると22万8,500円。どの業界・企業も賃上げが進んでいるので、現在はもう5%前後増えていそうな感じがします。こちらも多いに越したことはないですが、残業時間や年間休日数とも絡んできますし、**固定残業代&裁量労働制といった無限に働かされる制度を導入して、確信犯的に初任給だけを上げているベンチャー企業もあります**ので注意が必要です。

目先の初任給に釣られないよう、冷静にチェックしてみてください。

人間関係の良さを満たしているか

Q5．社員同士のコミュニケーションは円滑か？
Q6．上司と部下の関係性は良好か？
Q7．〇〇ハラの防止が徹底されているか？
Q8．トラブル時における専門の第3者への相談窓口はあるか？

ブラック企業を避けるためのチェックその2です。儲かっていない会社が陥りがちな状態です。価格競争が激しいビジネスを展開している会社ですと、その分コストカットしなければなりませんが、だいたい削られるのは固定費である人件費です。熾烈な価格競争は社員の待遇悪化を引き起こすだけでなく、利益率も低くなるので長時間サービス残業が横行しやすく、社員が疲弊していきます。その結果、人間関係が悪くなっていき、職場の雰囲気もピリピリしたものとなり、悪口や噂話、ハラスメントが蔓延ります。商品として差別化できない生活必需品や、代替できるサービス等を多く取り扱っている企業が陥りやすい状態ですので、事前に業界研究・企業分析を行って十分に把握してくださいね。

そのうえで、人間関係をどれくらい満たしているか、各項目でチェックしてみてください。

就活で問題となるのがQ5．とQ6．です。企業ホームページや就活サイトといった企業からの公式的な発信では職場の雰囲気がつかみにくいからです。待遇とともに真っ先に確認したい、就活先に求める大事な要素ですが、かといって虚実混ざりあうネットの噂話だけで判断できるものではないので、悩ましいと思います。

そういった中でも判断材料となるものをお伝えすると、**企業からの発信に「アットホームな職場！　社員は家族！」、「夢！　仲間！　絆！」、「笑顔溢れる、希望に満ちた、理想の自分になれる場所！」が多用されていると、結構な確率で人間関係が悪いです。**経営理念や行動指針はあってしかるべきものですが、待遇が追い付かなくてポエム化してしまうのは「経営層や管理職が絶対君主な昭和の家長制度」が生きている会社あるあるだからです。

逆に、企業ホームページにある社員の仕事紹介ページや公式YouTubeチャンネルから、社員が楽しそうに働いている様子や、飾らない人柄の良さを感じられるのであれば信用できそうです。「人材」でなく「人財」のような、やたらと情熱的な甘言が多用されていないか、ぜひチェックしてみてください。

職場の人間関係の良い悪いは、実際に働いてみなければわからない面が多いのも事実です。インターンシップに1日でもいいから参加して感じ取れればいいのですが、企業の個別説明会や合同会社説明会でも感じ取れる様子があります。具体的には、

・社員同士が挨拶しない。
・私たちにも挨拶しない。
・情報共有ができておらず、説明会や仕事の進行がグダグダ。
・就活生のいる場で間違いを指摘、説教、罵声を浴びせる。

こんな場面に遭遇しましたら、まず人間関係が悪い職場だと判断して差し支えありません。特に挨拶はコミュニケーションの基本ですし、基本ができていない職場は、必要な情報も共有されにくいため、業務に支障をきたすことにもつながります。社員

同士の挨拶がない職場は、〇〇ハラが横行している可能性もあります。

Q7．とQ8．については、企業ホームページに公開することでコンプライアンス遵守を明確にしている会社が増えています。相談窓口の運用が徹底されていることに期待しましょう。

採用担当者の笑顔の裏に何があるのか、冷静にチェックしてみてください。

ワークライフバランスを満たしているか

Q9．都合に合わせて働く時間帯や曜日、日数等を柔軟に変更できるか？

Q10．テレワーク等の仕事の環境に選択肢があるか？

Q11．その他福利厚生は整っているか？

Q12．社員のモラルは高いか？


ブラック企業を避けるためのチェックその3です。成長力のない会社が陥りがちな状態です。成長力のない会社はＩＴ利活用やＤＸ推進がされていない、労働集約型といった人間の労働力を前提にしてビジネスを回していることが多く、人間が頑張らないと回らないため、どうしても労働環境が悪化します。職場から離れることができず、決まった場所やルートで長時間拘束されるために一人当たりの仕事量が増えやすく、社員が疲弊していきます。その結果、社員の道徳や倫理、コンプライアンスといったモラルもおかしくなり、ワークライフバランスが崩壊していきます。現場の人の力で成り立っている、個人相手の接客なしではビジネスが成立しないアナログな企業が陥りやすい状態ですので、事前に業界研究・企業分析を行って十分に把握してくださいね。

そのうえで、ワークライフバランスをどれくらい満たしているか、各項目でチェックしてみてください。

ワークライフバランスとは「仕事と生活の調和」を意味しています。働き方改革推進に伴い政府からガイドラインが出る等、就活生がチェックできる要素が格段に増えました。特にQ10．については、厚生労働省が「情報通信技術を利用した事業場外勤務の適切な導入及び実施のためのガイドライン」を発表してテレワーク普及を推進する等、適切な制度の導入、実施の促進を図っています。それに伴い、フレックスタイム制度導入や介護での短時間勤務・時間有給といったQ9．のように、時間も選択できる制度を導入している企業が増加、積極的にアピールしています。嬉しいですね。

そういった中でも、Q11.の判断材料となるワークライフバランスの具体的な取り組みをお伝えすると、

・介護休暇制度の導入
・介護時の時短勤務制度の導入
・子供の出生時特別休暇の導入
・育児看護特別休暇の導入
・子供の学校行事に使える特別休暇の導入
・子連れ出勤制度や企業内保育所制度の導入

といった、育児や家族のための制度が数多く存在します。

テレワークによる在宅勤務制度やフレックスタイム制度に加えて、こういった制度が定められている企業であれば、将来的なライフイベントも楽しめますし、何より安心ですよね。

ポイントとなるのは、それらの制度が実際に使われているのか、その実施率です。

育児休暇からの復帰率といった数値は、企業もアピールしたいので公式的な発信からわかります。その他の制度は「導入はしているけど、運用はされていない」ケースもありますので、採用担当者に直接「実施率」を聞いてみてください。特にテレワークは縮小傾向なので要確認です。

面白いワークライフバランスの施策を導入している企業もあります。意図的に3連休を作る「金曜振休制度」、推し活をサポートする「推しメン休暇」、昼寝時間を取り入れた「パワーナップ制度」等。こちらもワークライフバランスや働き改革の一環として大々的に周知している企業が多くあります。

こんな面白施策を会社説明会等で知りましたら、採用担当者にこう聞いてください。「実際に活用された方はどれくらいいらっしゃいますか？　全社員のうち何％なのか教えてください」と。結果的に、Q12．社員のモラルもわかります。

見せかけだけの、就活生へのアピール目的の制度になっていないか、冷静にチェックしてみてください。

ここまで、「環境」＝働きやすさを確認してきましたが、就活で注意しておきたいのが労働環境で「不満」を覚える会社と、自分の将来に「不安」を感じる会社は別であるということです。**休日・福利厚生・賃金や残業に関することばかり採用担当者に質問する就活生が結構いるのですが、それだけで会社を選定してはいけません。**労働環境ばかり良い条件を探していると自身のスキルアップ・成長が見込めない会社を引き当てる可能性が高くなります。

「不満」を覚えない会社であるか確認した後には、「不安」を感じさせない企業かどうかを見極める必要があります。

「成長」＝働きがいを確認する

次は、「成長」視点で評価します(**表8**)。成長とは「働きがい」のこと。この項目が満たされてないと、入社数年後に「待遇はいいし人間関係も心地よくて働きやすい。だけど、何も身についていない」と不安を覚えます。

表8｜成長（働きがい）＝不安の解消

観点	項目
成長の機会は得られるか	Q13. 教育や研修が充実しており、年次に合わせた教育プログラムがあるか？ Q14. 市場価値が高い専門性を磨けるか？ Q15. 仕事を通じて汎用的な仕事のやり方を覚えられるか？ Q16. メンター制や上司との1on1が導入されているか？
正当な評価は得られるか	Q17. 評価基準は明確で納得性が高いものか？ Q18. 評価の決定方法が客観的で透明性の高いものか？ Q19. 成果は報酬や待遇に直結しているか？ Q20. 仕事の目的が明確で成果は目に見える形となっているか？
権限と責任は得られるか	Q21. 能力や意欲に応じた権限や責任を与えられるか？ Q22. 本来集中すべき仕事に注力できるよう役割分担は明確か？ Q23. 世間一般的に理不尽な仕事やノルマはないか？ Q24. 仕事内容を選択しやすいか？

このような将来への不安を覚えてしまう会社、いわゆる**「ゆるホワイト企業」**では、どんなに給料が高くて居心地が良くても、仕事への手応えや成長できる見通しを持てずにさっさと辞めたくなりますよね？　実際に、入社3年目までで会社を辞めたいと思った理由の第1位がこの「働きがい」です（過去3年に自己都合退職したことが「ない」と回答した人への調査（**※図14**）。「ある」と回答した人への調査では第6位～7位）（**※図13**）。

それでは、「働きがい」チェック12項目を、4項目ずつ解説していきます。

図14 辞めたいと思った理由で、影響の大きかったもの

Q. 辞めたいと思った理由で、影響の大きかったものを最大２つまでお選びください。
※ 「退職経験」で過去３年に自己都合退職したことが「ない」と回答した人にお伺いしています。

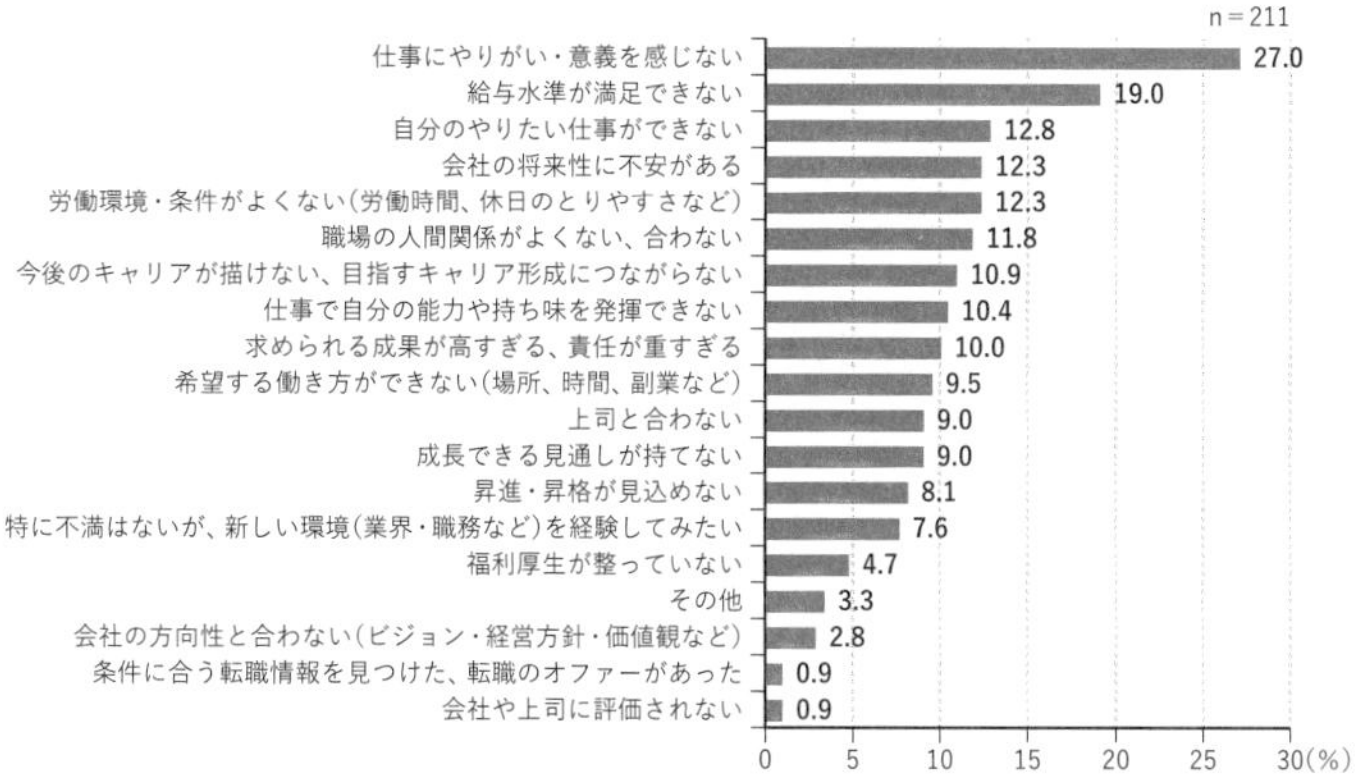

出所：株式会社リクルートマネジメントソリューションズ「新人・若手の早期離職に関する実態調査」
https://www.recruit-ms.co.jp/press/pressrelease/detail/0000000417/ より抜粋

成長の機会は得られるか

Q13．教育や研修が充実しており、年次に合わせた教育プログラムがあるか？

Q14．市場価値が高い専門性を磨けるか？

Q15．仕事を通じて汎用的な仕事のやり方を覚えられるか？

Q16．メンター制や上司との1on1が導入されているか？

なんだか「ゆるホワイト企業」対策そのものっぽい気がするあなた、正解です。

ゆるホワイト企業を避けるためのチェッ

クその1です。ゆるホワイト企業については最近の造語であり明確な定義はありませんが、一般的な特徴として、①優しさこそがすべてと上司が部下を叱れず指導もしない、②若手に責任権限を与えずチャレンジさせない、③その結果、成長の機会を得られずに別の会社や部署で通用しなくなるのではないかと不安を感じさせる、と言われています。ゆるホワイト企業になりやすいと言われているのは古くからの財閥系会社等のJTC（ジャパニーズ・トラディショナル・カンパニー）と呼ばれる伝統的な日本の大企業なので、事前に業界研究・企業分析を行って十分に把握してくださいね。

そのうえで、成長の機会は与えられているのか、各項目でチェックしてみてください。

Q13．については、Q14．につながる実務の現場で行う「OJT（On-The-Job Training）」以外にも、Q15．につながる実務を離れて行う「OFF-JT（Off-the-Job Training）」がどれだけ充実しているのかを確認します。社員教育制度は企業のアピールポイントとなりますので、企業ホームページや特設サイトで大々的にCMしていますから、調べることは容易です。どれも充実していると社員教育に本気であることが伝わってきますし、何より儲かっている会社じゃないと社員教育に投資できません。これで成長に本気な会社かどうかの判断もできます。

Q14．の市場価値が高い専門性と、Q15．の汎用的な仕事のやり方、どちらも身につけられる環境や制度が整備されているといいですよね。専門職だと市場価値が高いスキルが得られそうだから、将来何があってもつぶしが利きそうという、昔の私と同じ理由で技術職等の専門分野に関する職種を志望する就活生も多いですが、**実際は汎用的な仕事のやり方である「仕事をうまくやる力」こそ、つぶしが利きます。**

前述の通り、今はまだ、専門性の高いスキルが必要な仕事こそが、市場価値の高い仕事だと思われています。しかし、ＡＩに代表される技術的進化の速さにより、業界の垣根と同様に専門性といった参入障壁がなくなりつつあります。このような流れにおいては、「仕事をうまくやる力」こそ実務で重宝されますし、将来のキャリアの選択肢も広がります。

「仕事をうまくやる力」は社会人基礎力、あるいはポータブルスキルと呼ばれています。職種の専門性以外に、業界や職種が変わっても持ち運びができる職務遂行能力のことです。会社や部門、部署が変わっても発揮できるスキルであり、具体的に羅列すると、コミュニケーション力、チームワーク力、リーダーシップ力、情報整理力、協調性、問題解決力、主体性、論理的思考力…といった数値では測れない、様々な仕事をうまくやるうえで必要な能力のことを言います。

これらの力を磨き上げるには、その一般性と抽象度の高さから、実務の現場以外にも研修等の様々な教育、そしてQ16．の先輩や上司からの伴走支援が必要となってきます。メンタル的なフォローが制度として確立されていると成長も早いからです。

自身の成長が得られ、自分を磨き上げられる職場なのか、冷静にチェックしてみてください。

正当な評価は得られるか

Q17．評価基準は明確で納得性が高いものか？

Q18．評価の決定方法が客観的で透明性の高いものか？

Q19．成果は報酬や待遇に直結しているか？

Q20．仕事の目的が明確で成果は目に見える形となっているか？

ゆるホワイト企業を避けるためのチェックその2です。年功序列制度になっている会社ではどれも曖昧になっているものです。年功序列制度とは、年齢や勤続年数で賃金が上昇していく、長期雇用を前提とした賃金制度です。勤務年数が長いほど賃金が高くなる制度であり、従業員にとっては賃金上昇による安心感が得られ、企業も長期的な人材育成が可能といったメリットがある一方、働きぶりや能力と基本給が合致しない、成果を出しても報われない、若手社員の離職につながるといったデメリットがあります。その結果、最低限の業務に注力すればよいという考えから、新たなチャレンジをしなくなり、成長を目指すこともなくなり、生産性の低下や組織全体のマンネリ化につながっていきます。社歴は長いが単一の商品やサービスに頼っている、グローバル市場へ展開せずにいる企業が陥りやすい状態ですので、事前に業界研究・企業分析を行って十分に把握してくださいね。

そのうえで、正当な評価を得る機会は与えられているのか、各項目でチェックしてみてください。

Q17.からQ19.までは、人事評価制度のあり方そのものですので、評価テーブルや賃金テーブルがどのようになっているのかを確認します。基本的に非開示としている企業が大半ですが、部分的にでも成果型賃金制度を導入している会社では、評価結果のみならず評価基準・評価シート・評価手続きまで公開し、成果がどのように賃金に反映されるのかを明らかにしている場合もあります。企業ホームページで成果主義と透明性を大々的にＣＭしていますから、これで成長に本気な会社かどうかの判断もできます。中にはサイボウズ株式会社のように社員の成果を相対評価でなく絶対評価するために、給与テーブルを廃止する企業もあります。

Q20. については、人事評価制度の中に組み込まれている目標管理制度と言われるものです。会社の方針と社員自身が目指したい方向性を擦り合わせ、一人ひとり目標を設定し、成果までの道のりを管理することを指します。社員自らが目標設定を行い、自律的に行動を起こして、最終的に目標を達成できたのかを上司が評価します。

目標管理制度には、自己管理能力が向上する、達成感が得られる、自己成長を感じられるといった優れた点があります。しかし、目標を達成できたかが基準となるため、結果にばかり注目してしまい、達成できないとモチベーションが低下する、高すぎる目標で達成が困難なためモチベーションが低下する、目標が複数あり過ぎて集中できずモチベーションが低下する、といった恐れがあります。働くうえでモチベーションは大事です。

人事評価制度に、これといった正解はありません。就活で確認したいのはあくまで「人事考課で明確な判断基準が作られているのか？」の1点ですので、会社説明会の場で採用担当者へ質問するといいでしょう。細かいところは非開示な企業が多いのが人事評価制度ですので、**年功序列型か成果報酬型なのか、いいどこ取りを目指しているのか、だけは確認してみてください。**

自身の働きぶりが正当に評価される職場なのか、冷静にチェックしてみてください。

権限と責任は得られるか

Q21. 能力や意欲に応じた権限や責任を与えられるか？
Q22. 本来集中すべき仕事に注力できるよう役割分担は明確か？
Q23. 世間一般的に理不尽な仕事やノルマはないか？
Q24. 仕事内容を選択しやすいか？

ゆるホワイト企業を避けるためのチェックその3を含む、度を越したベンチャー企業を避けるためのチェック項目でもあります。ゆるホワイト企業ではいい意味で曖昧になっているのですが、ベンチャー企業では悪い意味で液状化しているのが権限と責任です。ベンチャー企業には明確な定義はありませんが、一般的な特徴として、①創業から10年以内の成長過程にあり、有名でも多くは従業員数300名以下、②独自のアイデアや技術をもとにした新しいサービスやビジネスを展開している、③その結果、社員一人ひとりがこなさなければならない業務の範囲が広くなりがち、と言われています。社歴が短く単一サービスで急成長している、デジタル領域が主戦場であるスタートアップ企業が陥りやすい状態ですので、事前に業界研究・企業分析を行って十分に把握してくださいね。

そのうえで、妥当な権限責任の範囲は与えられているのか、各項目でチェックしてみてください。

Q21. とQ22. については、ゆるホワイト企業であれば「なあなあでいいじゃない」とゆるーい感じに年功序列で何となく決まりますが、度を越したベンチャー企業では「なあなあじゃないとビジネスが回らない」と裁量権が無限に広くなり、あらゆ

生涯収入を最大化する

「就活の技法」

（日本能率協会マネジメントセンター刊）

読者限定
無料特典

本書をお買い上げいただきありがとうございます。本書の内容をより深く理解していただくために、3つの読者プレゼントをご用意しました!

特典 1
動画60分

著者と採用の王による「就活の技法」徹底解説動画

本書を通して著者が読者のみなさんに何を伝えたかったのか、そのエッセンスやポイントを採用の王さんとインタビュー形式で動画にしました。今回のプレゼント用に新たに作成したオリジナル解説動画です。

特典 2
PDF ファイル

3軸公式36項目の確認事項ワークシートPDF

「就活の技法」の中でも、生涯収入を最大化する就活先のチェックリストである「3軸公式36項目の確認事項」を、ワークシートとして一覧化しました。簡単に印刷・自作できるように、PDFファイルでさしあげます。

特典 3
無料相談

「就活の技法」無料相談のご招待

「3軸公式36項目の確認事項」が難しい、マインドが整わない、自己分析が足りない気がする、面接対策が進まない。そんな読者のみなさんに、一般社団法人リベラルコンサルティング協議会のキャリアコンサルタントによる無料相談を用意しました。

■このURLにアクセスすると「3大特典」を無料で入手できます。
https://17auto.biz/asami-consulting/registp/syukatsu.htm
※上記は予告なく終了する場合がございます。

る仕事を自らこなしていく必要が出てきます。そのため、Q23．のような世間一般的な感覚とはズレる仕事量になりがちです。**企業ホームページに「様々な経験ができます！」、「圧倒的な成長スピード！」、「日々挑戦！」といった文言が繰り返し使われていたら、なかなか危険な香りがします。**今までにないイノベーションを起こして新しいビジネスモデルを構築する、成長に本気な会社ではありますが、ベンチャー企業の場合は給与水準が概ね低く、昇給も業績次第なので待遇は望めません。「働きやすさ」の各項目も要チェックです。

ベンチャー企業は裁量権が広く、経営者と近い立場で多くのビジネスに関われ、意見交換や提案ができるというメリットもありますが、Q24．仕事内容を選択できることは少なく、様々な部門・部署を兼務することとなり、ブラック企業並にハードです。とはいえ、ブラック企業とは違いスキルアップ等の見返りはありますし、ストックオプション制度（自社の株を購入できる権利）のような福利厚生もあります。

ただし、ストップオプション制度については要注意です。購入した株は価格が高くなった時に売却して利益を手に入れることができるため、従業員のモチベーションアップになる施策ではありますが、シードまたはアーリーフェーズ（起業前、あるいは起業直後）でない限り、ベンチャー企業の多くはすでに時価総額が高くなっているため、入社後に大した利益は出ません。そのため、チェック項目にストックオプション制度は入っていません。

また、経営基盤が弱いベンチャー企業は常に買収される危険性に晒されています。持っていた自社株が無になる、運良く買い取って貰えても半額以下になる、といった事態はよくあります。私も転職した会社が大企業に買収された結果、持っていた自社株を購入時の1／10で買い取られました（泣）。

自身の責任範囲に相応しい権限が持てる職場なのか、冷静にチェックしてみてください。

ここまで、「成長」＝働きがいを確認してきましたが、今の就活生に求められるのは、「会社・職場が育ててくれる」というこれまでの常識ではなく、「自分が会社・職場を使って育つ」という発想の逆転です。**「私をどのように成長させてくれるのですか？」と採用担当者に質問する就活生が結構いるのですが、自分自身の成長を会社に依存してはいけません。**職場外でのアクションも含めて、職場を活かして自らを育てる姿勢である「キャリア自律」が今、求められているからです。
それがなぜ必要なのかを、キャリアコンサルタント目線で解説します。

「キャリア」＝働きかたを確認する

最後は「キャリア」視点で評価します（**表9**）。キャリアとは「働きかた」のこと。就職後の長い人生をどのような働きかたで過ごしていくのか、その選択肢を広げることです。この項目が満たされてないと、入社数年後に「本当にこのまま、この会社で働き続けていいのか？」と将来に対する漠然とした恐れを抱きます。

このような将来へのモヤモヤした気持ちを覚えてしまう会社、いわゆる「キャリアの選択肢が限られた企業」では、今後のキャリアが描けない閉塞感から抜け出そうとさっさと辞めたくなりますよね？ 実際に、入社3年目までの退職理由で影響の大きかったもの第8位がこの「働きかた」です（**※図13**）。これで第1位〜第8位までの対策が出揃いました。

それでは、「働きかた」チェック12項目を、4項目ずつ解説していきます。

表9　キャリア（働きかた）＝モヤモヤの解消

観点	項目
キャリアの視座は高まるか	Q25．副業等で、社外との関わり方が許されるか？
	Q26．出向や社内公募での異動等、社内外へのキャリアパスが複数用意されているか？
	Q27．フラットな組織体制で、社内外ネットワークを築けるか？
	Q28．人材の多様性があり、お互いを受け入れているか？
キャリアの視野は広がるか	Q29．DXやGX等の新しい環境変化に組織として柔軟に対応しているか？
	Q30．自分の意見を言える風土があり、部署や部門の意思決定に関われるか？
	Q31．挑戦的なプロジェクトへ携われるか？
	Q32．社内の職種ごとにキャリアパスが複線化、見える化されているか？
キャリアの視点は絞れるか	Q33．キャリアプランニングと目標設定が行えるか？
	Q34．キャリアの相談窓口はあるか？
	Q35．自身のキャリアは幸福だと感じながら働けるか？
	Q36．退職者とのネットワークや出戻り制度は存在しているか？

キャリアの視座は高まるか

Q25．副業等で、社外との関わり方が許されるか？

Q26．出向や社内公募での異動等、社内外へのキャリアパスが複数用意されているか？

Q27．フラットな組織体制で、社内外ネットワークを築けるか？

Q28．人材の多様性があり、お互いを受け入れているか？

なんだか「企業主体のキャリア」対策そのものっぽい気がするあなた、正解です。企業主体のキャリアを避けるためのチェックその1です。企業主体のキャリアは伝統的キャリアとも言われ、一般的な特徴として、①組織内での昇進や出世が正しいという価値観であり、②自分の満足度よりも組織にどれだけ貢献したか、成果を出したかを問われ、③その結果、個人が主体性を持ってキャリアを築けていけない状態、と言われています。キャリアを組織の意思に委ねている状態になりがちなのは、日本式経営の象徴であった年功序列・終身雇用・企業別組合の三種の神器がいまだ生きている企業なので、事前に業界研究・企業分析を行って十分に把握してくださいね。

そのうえで、キャリアの視座が高まる機会は与えられているのか、各項目でチェックしてみてください。

Q25．とQ26．については、企業内にキャリアが閉じないで社外とのつながりが持てるのかの確認事項です。副業については、厚生労働省「副業・兼業の促進に関するガイドラインの改定案について（概要）」によると、令和3年の調査において副業を認めている企業は55％。うち、全面的に認めている企業は23・7％、条件付きで認めている企業は31・3％とかなりの割合で認められています。どのような副業・条件であれば認められるのかは、働きかたの多様化により企業ホームページ等で発信していることも増えましたので確認してみてください。誰でも断りなく副業可の会社もあれば、届出制や一定の条件を満たす副業のみ許可、他の部署や部門と協業する社内副業なら可な会社もある等、副業解禁に対するスタンスは様々です。

Q26．は企業やグループ内での動きではありますが、Q25．と同様に個人が主体性を持ってキャリアを築く施策となり得ます。選択権が社員にないと単なるジョブローテーションと同じになってしまいますので、もし出向や異動のある企業でしたら、自らの希望で叶うのか会社説明会等で採用担当者へ聞いてみてください。さすがに企業ホームページ等ではそこまで記載されていませんので。

Q27．とQ28は、Q25．とQ26．が成立するための組織的な前提です。縦割りの部門・部署では、社員が所属している部署以外のポジションで働くことを認める社内副業制度が成り立ちません。多様性やお互いを尊重する関係性が構築できない職場では、副業もやりにくいですし、出向しても受け入れられません。どちらも企業はアピールしたいことなので、**ダイバーシティ・エクイティ&インクルージョン（多様性を認め、それぞれに公平な機会提供のもとで、お互いに尊重しながら成長できる環境づくり。略称：DE&I）という単語が企業から発信されているかで知ることができます。**

俯瞰的に自身のキャリアを見回せる「鳥の目」を持てる会社なのか、冷静にチェックしてみてください。

キャリアの視野は広がるか

Q29．DXやGX等の新しい環境変化に組織として柔軟に対応しているか？
Q30．自分の意見を言える風土があり、部署や部門の意思決定に関われるか？
Q31．挑戦的なプロジェクトへ携われるか？
Q32．社内の職種ごとにキャリアパスが複線化、見える化されているか？

企業主体のキャリアを避けるためのチェックその2です。アダプタビリティに欠けている会社が陥りがちな状態です。アダプタビリティとは適応性／順応性のことで、時代背景等による環境変化に適応できる能力のことです。コロナ禍という環境変化がありましたが、うまく変化適応することで売上を伸ばした企業がある一方、テレワーク等の非接触・非対面に対応できず、休業せざるを得なかった企業もありました。その結果、事業規模の縮小を余儀なくされ、コロナ5類移行後もなかなか売上が回復していません。日本式経営が色濃く残っているために、デジタル化やグローバル化が遅れている企業が陥りやすい状態なので、事前に業界研究・企業分析を行って十分に把握してくださいね。

そのうえで、キャリアの視野が広がる機会は与えられているのか、各項目でチェックしてみてください。

Q29．については、まさに変化対応力の確認事項です。コロナ禍前後からのDXやGX（グリーントランスフォーメーション：脱炭素化社会を目指すために再生可能エネルギーの導入等で環境負荷を軽減し、持続可能なビジネスモデルを採用する取り組み）といった環境変化に対応できているか、取り入れているか、実践しているか、企業からの公式情報で確認してみてください。DXやGXといった単語が飛び交っていれば、少なくとも変化に対応しようとしていることがわかります。**そうそう、SDGsは単語的に気にしなくていいです。**SDGs17の目標は世界的には当たり前のことなので、あえて強調する必要がないからです。

このQ29．を推進していく組織に必要なのがQ30．からQ32．です。組織的・風土的に加えてQ32．のような制度的な前提もないと、DXやGX対応は困難です。部門や部署の意思決定に関われないどころか自分の意見さえ言えない組織では、変化に対応できるわけないですし、自分たちが変わるためには時代の流れに挑戦することが必須だからです。

今までと同じ仕事を従業員の誰もが同じようにしていれば給料がもらえる、といった時代ではありませんので、それを制度的に担保しているかどうかは、職種ごとにキャリアパスがあるかで判断できます。ビジネスの環境変化の早さにどのように対応しようとしているのか、むしろ自分たちがリードしようとしているのか、DXやGXとともに企業からの発信で知ることができます。

ビジネスの流れから自身のキャリアを見通せる「魚の目」を持てる会社なのか、冷静にチェックしてみてください。

キャリアの視点は絞れるか

Q33．キャリアプランニングと目標設定が行えるか？
Q34．キャリアの相談窓口はあるか？

Q35．自身のキャリアは幸福だと感じながら働けるか？
Q36．退職者とのネットワークや出戻り制度は存在しているか？

企業主体のキャリアを避けるためのチェックその3です。アイデンティティを従業員が都度確認できない会社が陥りがちな状態です。アイデンティティとは自分自身の捉え方、自分自身の価値観や能力をどのように評価し、やりたいことに気付けているかを表す指標です。従業員の成長プロセスに重きを置かずに、成果や結果だけで評価している会社だと、組織内のサバイバル競争にのみ変化適応しようとします。その結果、権力争いが勃発し、地位や給料のみが関心対象という息苦しい組織風土になりがちです。従業員一人ひとりのキャリア形成を応援することなく、会社や組織にコミットさせるために昇進や出世等の道筋を提示するだけの旧日本式経営的な企業が陥りやすい状態なので、事前に業界研究・企業分析を行って十分に把握してくださいね。
そのうえで、キャリアの視点が絞れる機会は与えられているのか、各項目でチェックしてみてください。

Q33．とQ34．については、まさにアイデンティティを確立するための施策です。

Q33．は前述のQ20．にあった評価対象となる目標設定ではなく、将来どのような仕事や働きかたをしたいか、どのような人生を歩みたいのかを計画・実行するための目標設定のことです。このキャリアプランニングと目標設定、そしてQ34．の従業員のキャリア形成に伴走支援するキャリアの相談窓口こそ、従業員が自身のキャリアを見据え、主体的に目の前の仕事に意味付けしながら働き、時代環境に合わせて継続的に学んでいる状態である「キャリア自律」実現に必須の事項なのです。

従業員の「キャリア自律」の高低は仕事のパフォーマンスに直結しており、エンゲージメントや学習意欲に市場価値、ひいては人生満足度やQ35．の幸福感にまでプラスの影響を与えているとの調査結果がある等（パーソル総合研究所「従業員のキャリア自律に関する定量調査」より）、企業がこれから取り組まなければならないものです。**「キャリア自律」や「ウェルビーイング（従業員一人ひとりが肉体的、精神的、社会的に満たされた幸福な状態）」といった単語や、同じような意味の発信があるのか確認してみてください。**

「キャリア自律」に関する施策は中長期的に計画する必要があるため、従業員も安心して企業内で取り組めるよう、Q36．のような「何かあったときの出戻りや退職者ネットワーク」があるのかも確認してみてください。**アルムナイ（卒業生や同窓生という意味）**という言葉が最近使われていますので、こちらも要チェックです。

自身のキャリアへ近づいて、様々な角度から見ることができる「虫の目」を持てる会社なのか、冷静にチェックしてみてください。

この36項目の確認事項について、1つずつ◎＝3点、○＝2点、△＝1点とダウンロードした36項目の一覧に点数を付けてみてください。×＝0点がないのは、企業自体を否定するものではないからです。確認項目が細かすぎて点数が付けられないとお悩みの場合は、他の企業と比較して「何となく」で構いませんので付けてください。企業同士を比較するには、単位を合わせて数値化する以外の方法はありません。そのために企業を3軸公式で◎○△評価します。

全部◎が付く企業は最大で108点。奇しくも煩悩の数と一致しましたが、これは偶然ではなく必然です。企業分析を踏まえて、リストの企業が3軸公式の各項目をどれだけ満たしているのかの点数付けは、何らかの根拠ある物差しが存在する客観ではなく、完全にあなたの主観だからです。正しいかどうかは、あなた以外の誰にもわかりません。仕事の内容等は一切入っていませんし、なので煩悩です。
煩悩ですので、各項目の点数で機械的に企業を評価することはしません。3軸公式の点数はあくまで参考値として、**30社の中で「比較的いいな」、「この会社で働いてもいいな」、「何となく魅力的だな」と感じた評価にしてください。そこから自然と業界選択や企業選びで重視する価値観、譲れない条件が見えてくるはずです。これこそが「就活の軸」です。**

その後、選考結果が出た企業や3軸公式の点数が低い企業、行きたくない会社だと気付いた企業はリストから除外、新たに「興味・関心」が湧いた企業と入れ替えながら、「就活の軸」を定めるために何度も試行錯誤、トライ&エラーを繰り返してください。必ずあなたの生涯収入を最大化する最適な就職先が見つかりますよ！

第2章

最適な選択をする見つけた会社に「受かる方法」

自己分析とは、自分らしさの解像度を上げること

ここからは、見つけた会社に「受かる方法」（最適な選択をする）を解説します。そのために必要なのが「就活航海マップ」の**「その2．就活先の選択」**と同時に進める、**「その3．自己分析」**です。序章では「興味・関心」のみでサラッと終えていた自己分析とは本来、自分の性格や強み・弱み、価値観の傾向といった「自分らしさ」を明らかにすることです。それを生涯収入最大化のために必要な「自分らしさの解像度を上げる」として説明していきます。

ここでも自己分析のフレームワークである「自分史」や「モチベーションチャート」は作成不要です。どれも大したことが書けない、空白だらけの悲しい成果物となり、そんな自分が情けなくなってきますから。私は泣けました。自己分析のアリ地獄、恐るべし。

前述した通り、就活における自己分析とは、あくまで**「ES作成や面接対策でのネタ探し」**でしかなく、それ以上の目的も必要もありません。あくまでも就活に限定した自己分析なので、アリ地獄に足を踏み入れる前に終わらせます。残念なことですが。

ES作成に必要な自分らしさとは

何が残念なことかと言いますと、キャリアコンサルタントとしての立場では、自己分析は就活後のキャリアを築くうえで非常に重要なので、本来であればできる限り時間をかけて、

「自分の人生で何がしたいのか」
「自分にとって働くとはどのような意味があるのか」
「自分はどのような生き方が幸せなのか」

をじっくり考えて、自分の性格や価値観、考え方だけでなく、意識的・無意識的な行動様式といった「自分らしさ」や自分らしく働くイメージを探求して欲しいのです。

しかし、就活では残念ながらそんな時間も労力もかけられません。

自分らしく働くイメージを具体的に持っている若手社員は1割にも満たない、というデータがある通り（リ・カレント株式会社「2022年最新若手意識調査」より）、社会人になっても長い年月をかけて考えないと明確にならない、もしかしたら一生かけて探求し続けるものが「自分らしさ」だからです。自己分析のアリ地獄そのものですね。

そこで、大学3年生春から本選考前の大学4年生6月までに、できる限り「自分らしさの解像度を上げる」ため、就活における自己分析はゴールから逆算することで割り切ります。キャリアコンサルタントとしては至極残念なことですが。

ゴールは「ES作成や面接対策でのネタ探し」と決まっているので、探し出したネタをES作成に落とし込むのが最優先です。ESは企業へのエントリーに必須ですから。

ESの設問で、どの企業にも共通しているのが「ガクチカ」、「自己PR」、「志望動機」の3つです。それぞれの関係性は**図15**の通りです。詳細はこの後、順番に解説します。**このES3点セットでどれだけ「自分らしさ」を採用担当者に伝えられるのか。**

図15 ES3点セットの関係性

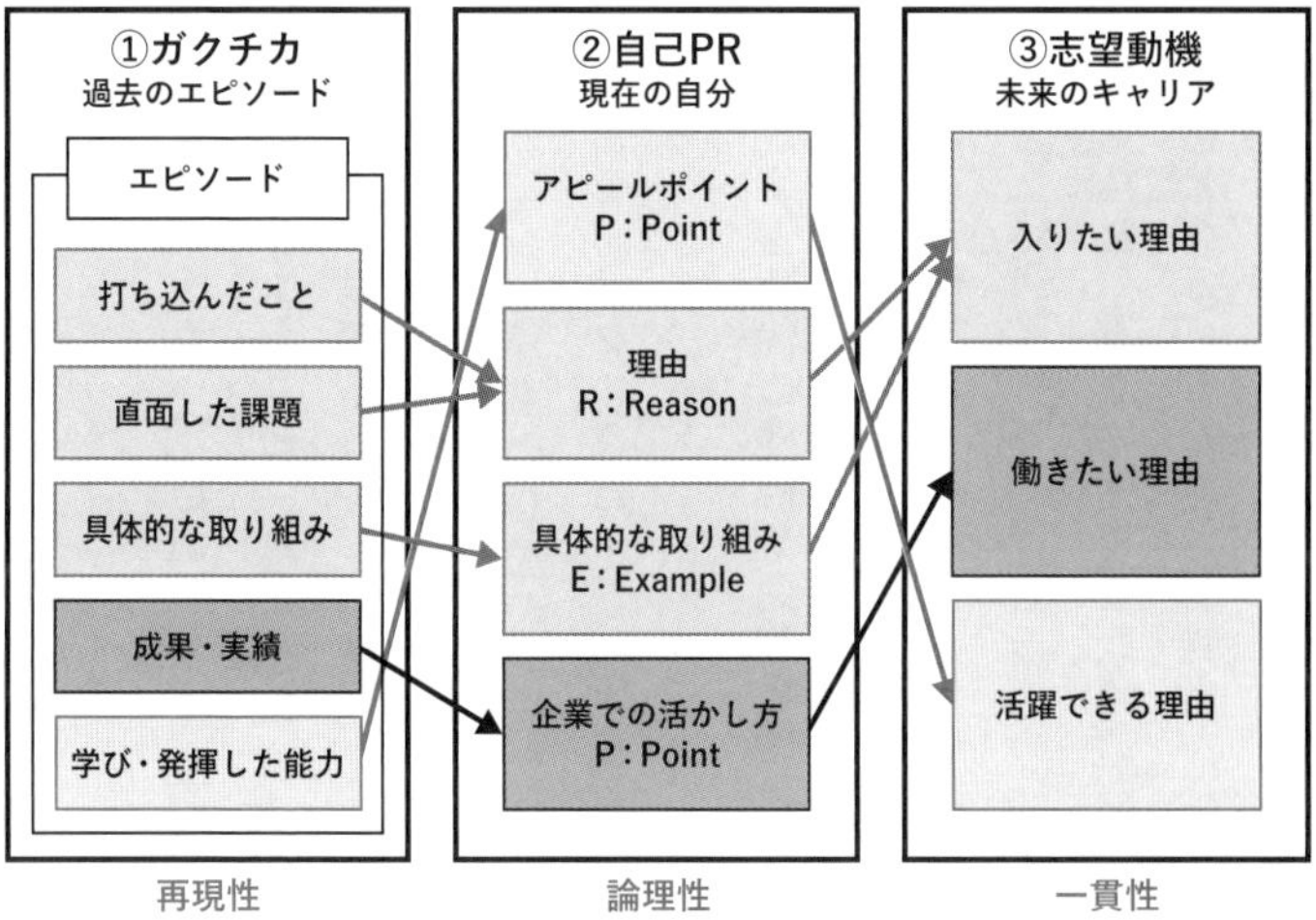

それが書類選考を突破する肝となります。この3点セットは様々なESの設問や面接での質問にも応用が利きますので、試行錯誤しながら固めていってください。

ES3点セットの作り込み方

ESの設問と回答方式は企業側が自由に設定できるので、様々なパターンがあります。また、同じ設問でも企業によって回答に必要な文字数が微妙に異なってきますが、ES3点セットをしっかり作り込めばほぼすべてに対応可能です。

そこで、ESの回答欄の代表的な文字数に合わせて、仮でいいので次の手順で一度作ってみましょう。作成順は時系列に「ガクチカ」⇓「自己PR」⇓「志望動機」です。

①「ガクチカ」、「自己PR」、「志望動機」の200&300&400文字版をネット検索 or ChatGPT等の生成AIを利用して写経。

写経といってもお経ではなく、ネット検索した自分に使えそうなESをそのまま書き写すことです。あくまで叩き台ですから、最初はモノマネでいいです。ネット検索で自分に合ったものが見つからないのであれば、ChatGPT等の生成AIを使っても構いません。タイパとコスパ重視で活用できるものは何でも使いましょう。

②大学生時代の挫折や失敗経験とそこから学んだこと、立ち直ったエピソードを5つ考える。

大げさな体験じゃなくて、普通の自分の話で十分です。ただ、普通だからといって「普通の経験です」、「普通の失敗です」では伝わらないので、アルバイト、サークル・部活動、ゼミ、何でしたら遊びや趣味でもいいので、挫折や失敗経験を具体的に言語化してみてください。誰もが経験する小さな躓きでいいですし、心当たりがなければ「頑張ったこと」レベルでOKです。

③①の叩き台に、②の体験を加えながら、自分の色を少しずつ出していく。

モノマネやAI文章から少しずつ脱却していきます。キーワードは「少しずつ」。できる限りでいいので、ES3点セットに矛盾が出ないように統一感を持たせつつ、自分独自のエピソードを加えていきます。加えるエピソードはES3点セットそれぞれ1つだけにしてください。②で5つ考えていただきましたが、たとえば「ガクチカ」にエピソードを複数入れると自分らしさがぼやけて伝わりにくくなり、中身が薄まりますので。

④最低一人、誰かに見せて意見をもらう。

あなたを冷静に観察できる人に見せてみて、特に統一感や一貫性が感じられるかをチェックしてもらいましょう。誤字脱字といった単なる添削になっては意味がないので、ESの読み方を熟知している大学のキャリアセンターやキャリアコンサルタントに依頼してみてください。きっと力になって貰えますよ！

⑤早期選考エントリーで使用して結果を得る。

せっかく作ったES3点セット、企業エントリー解禁日の大学3年生3月まで寝かせておくのはもったいないですし、アップデートもできません。そこで早期選考エントリーに使い、お見送りでしたら③に戻り、違うエピソードを使う等でバージョンアップしてください。選考に通ったものはそのまま活かしつつ、さらなるブラッシュアップをしていきます。

一度作成したら、試行錯誤を繰り返すためにも必ず早期選考エントリーに使ってみてください。**自己分析は繰り返し行うことでより深く、様々な角度で分析できますから、ES3点セットは何度も作り直して精度を高めましょう。**

ChatGPT等の生成AIは叩き台に使う

ES3点セットの作り込みでは、ChatGPT等の生成AIを活用してください。使わないと損です。就活でChatGPT等の生成AIを使用したことがある大学3・4年生は2023年7月時点で26・5%と、すでに4人に1人が利用経験ありです（株式会社ベネッセi-キャリア「dodaキャンパス」「就活でのChatGPT活用実態調査」

（2023年7月）より）。利用しているだけで「優秀層」の仲間入り確実、タイパとコスパ重視で活用しましょう。

自分では思いつかない気付きが得られ、思考の整理もできる。プロンプト（質問文）の作成にさえ慣れてしまえばES作成の時間を大幅に短縮できる等のメリット満載ですので、使わない手はないですよね。特にデメリットもありませんし、無料版で十分なので、次の注意点に気を付けつつ生成AIを使い倒しましょう。

- 膨大なデータをもとに予測した結果のため、信憑性や信頼性に欠けることを理解した上で使用する。
- 文章の正確性や独自性にも欠けるため、AIが生成した文章のまま使わない。
- 現時点ではプライバシー情報がすべてデータ化されるリスクがあるので、個人が特定されるような情報は入力しない。

ChatGPT等の生成AIによるES3点セット作成は、あくまでも叩き台として利用してください。企業の採用担当者がES3点セットで確認しているのは、「思考の跡が見えるか」。AIが生成した文章をそのままコピペして応募すると普通に落ちますし、自分らしさもわからないので、たとえ書類選考を通過できても面接時に対応が難しくなります。

「就活は自分の力でやりたい。自分の頭で考え、自分の言葉で表したいから」そう考えている就活生の皆さんもいると思います。ですが、ちょっと考えてください。今後、ChatGPT等の生成AIは、使うのが当たり前の世の中になります。というか、すでになりつつあります。だったら早めに使えるようになるべきですし、企業側もAIを使いこなせる人材を求めていますよね？

むしろ企業側こそ、今やAI面接の導入やAIによる効率的な書類選考を推し進めています。それに対抗しろ、という意味ではありませんが、企業側が禁止しない限り、AIを使うのに何ら支障はありません。

かつてESは手書きで作成するもので、イラストを入れる等工夫できる余白がありました。私も「高みを目指す姿勢」を強調するために富士山のイラストを書いたりしました（書類選考で落ちましたが）。それがPCやスマホで作成ができるようになり、今はほとんどネット上で完結するため、余白がなくなりました。文章でしか勝負できないのです。

このようなデジタル技術の進化に対応できる、**「我こそはデジタルネイティブ世代、DX人材なり」とアピールするためにも、ES3点セット作成にAIを使い倒しましょう。**

ガクチカは大したことじゃなくていい

ここからは、ES3点セットについて具体的に解説していきます。まずはES3点セットの1つめ、「ガクチカ」についてです。ガクチカとは、学生時代に力を入れたことの略称で、過去のエピソードです。面接でも必ずといっていいほど訊かれる質問です。

就活生の皆さんの大多数がこう悩んでいると思います、「普通の大学生活しか送ってないから、強調できることは何もなく至って普通」。そんな普通の就活生の皆さん、安心してください。それで大丈夫です。普通にP149の**図15**の構成に従って書きましょう。

自分では大したことないと思うようなガクチカでも、一般的なガクチカでも、普通のガクチカでも、大手企業から内定を獲得できる就活生が大勢います。誰もが経験したことのない珍しい体験や、輝かしい実績、飛びぬけた成果を持っている就活生は100人に1人もいません。それも企業側がそれらを求めているのかと言われれば、そうでもありません。

どんなに素晴らしい経歴や実績や数字を持っているか、の勝負ではないのが就活、そしてガクチカです。頑張ったと自覚していないことでも十分書けますし、戦えます。

ガクチカは普通でいい

就活生の先輩が何をガクチカとしてESや面接時に使ったのかといえば、アルバイトが半数を占めています（株式会社マイナビ「マイナビバイトTIMES」「就活を終えた大学生がガクチカ（学生時代に力を入れたこと）で語った内容に関する調査」より）。サークルやゼミ、学業といった大学での活動を入れると8割以上を占めるので、一風変わった経験をガクチカにしている就活生は極少数なのがわかります。経験や体験で差別化しない、しなくてもいいのがガクチカです。

企業側も、経験や体験の中身で判断していません。ガクチカの大半はアルバイトですし、その内容もだいたい飲食店なので、とても差別化できるものじゃないですよね。

企業にとってガクチカとは、就活生が会社に入ってからも成長し続けられるか、という根拠にしているものです。伸びしろの確認ですね。

・経験から何を学び、どんな力を発揮できたのか。
・どのような困難や挫折にぶつかり、どのように乗り越えたのか。
・今後どのように活かしていくのか。

これらが採用担当者や面接官に伝われば、お題や内容は問われません。だから至って普通の経験や体験からで何ら問題ありません。

ガクチカは大学時代のことであれば何でもいいです。あまりに過去過ぎるものは大学生活で何をしていたのか？　と採用担当者が訝るので、もし高校時代以前の話をするならば、必ず大学生活にどう役立ったのかと紐づけてください。「高校時代は野球部で甲子園出場を果たしました！　が、燃え尽きて大学では何もしませんでした」では、せっかくの高校時代の実績が活きなくてもったいないですから。

「大学生活は遊んでばかりいたからガクチカがないんです」でも構いません。学生時代に力を入れたことが遊びだった、ならそれで勝負してもいいのです。就活生の先輩のおよそ1割は遊びや趣味でガクチカを作っていましたし、情熱を燃やしながら長期間遊べるのもれっきとした才能です。「勉強頑張りました！」や「ゼミや研究に力を入れていました！」といった大学名や学部名を見ればある程度わかってしまうガクチカよりも、ずっと印象に残りますから。

ただ、「〇〇という地下アイドルの推し活に熱中していた大学生活でした！」のように、採用担当者や面接官が知らない、理解が難しい内容を書いたり伝えたりするのは難易度が高いので、一般的に知られている用語を用いて、わかりやすい表現でガクチカにしましょう。それも単なるファン活動といった消費活動だけでなく、ファン活動を元にファンクラブを作った、コミュニティ運営に関わった、といった生産活動まで説明できると最高です。

ガクチカに苦労話や原体験は必要ない

ES3点セットの作り込み方の中で、大学時代の挫折や失敗経験、いわゆる苦労乗り越えエピソードを使用しよう、としていますが、ガクチカに無理に入れなくてもいいです。「頑張ったこと」、もしくは「力を入れたこと」、「こだわったこと」くらいで事足ります。「あなたの苦労話をしてください」、といった設問がESにあるならともかく、苦労乗り越えエピソードは「自分らしさ」を伝えやすいパターンの一つでしかないからです。**とにかく明るく楽しいガクチカ、でも全然アリ**です。

この苦労乗り越えエピソードの拡大元ネタバージョンである、原体験（自分の価値観や思想に大きく影響を与えた、何らかの形で記憶の底に残り続ける幼少期や青年期の体験）まで自己分析してエピソードに入れることは、ハッキリ言って不要です。無理に探そうとしないでください。見つかりませんから。

原体験と接続しない「ガクチカ」や「自己PR」、「志望動機」は深みがないからダメ。説得力がない、差別化されない、だからお見送りになる。といった論調が一部であります。確かに、過去の強烈な原体験は就活のみならず、今後のキャリア形成において の原動力となり得るものです。著名な経営者の方のように、幼少時代の原体験が自らを推進するエネルギーとなることは往々にあります。しかし、そんな大それたトラウマレベルの原体験なんて、ほとんどの人は持っていません。私にはまったくありませんでした。

原体験を持っていないからダメだということは、当然ないです。そもそも過去は変えられないですし、原体験がないことに焦る必要もありません。ましてやそれを捏造して無理矢理過去のエピソードに加えることをしたら、矛盾だらけでガクチカどころかES全体が崩壊します。

「原体験作りをしよう！」、「原体験を織り交ぜて他の就活生に差をつけよう！」なんて言説には耳を貸さないでください。就活は体験の競い合いではありませんし、ましてや過去に囚われた者同士の戦いでもありません。未来のための、生涯収入最大化のための投資活動です。

無理に「原体験」を探す必要はなく、学生生活の日常や普通の生活から、ちょっとした気付きや学びといった体験を得ていたな、で十分です。それを拾い集めるうちに、自分が好きなことや向いていることがわかってきますし、ひょっとしたら原体験が積めるかもしれません。私はそうやって、社会人になってから原体験を積んできました。「私は原体験を持っているんです」という就活生の皆さんは、ぜひ就活のエネルギーに変換してくださいね。

ガクチカを輝かせるポイント

ガクチカの内容は、もちろん何でもOKなのですが、要素として次の3つが入るように考えてみてください。ガクチカの例文はネット検索すればたくさん出てきますし、一人ひとり違うのがガクチカなので、本書ではあえて例文を紹介することはしません。それ以上に大切な、欠かせないチェックポイントと必敗法を示します。ちなみにこのポイントは自己PRも同様です。

★ガクチカや自己PRで押さえるべきチェック3点。

・「論理思考力」が感じられるか。基本構成は論理的に破綻していないか。

・「言語化力」が高いか。採用担当者や面接官が知らない体験をわかりやすく説明しているか。
・「再現性」があるか。ガクチカで得られた「学び」や、発揮した「能力」を仕事でも発揮できそうか。

★ガクチカや自己PRで避けるべきチェック3点。
・盛ること（大げさにすると自分らしさが消える！）。
・嘘を積み重ねること（突っ込まれたら論理破綻するぞ！）。
・客観的視点がない（他人に読んでもらわないと矛盾に気付かない！）。

ガクチカは自分を知ってもらうツールです。大切にするのはあくまでも自分らしさ。自分とは何者かを、自分の言葉で、等身大で、今できる精一杯で伝えるものです。下手に盛ると論理破綻を起こし、カバーしようとついた嘘は見破られ、お見送りになります。アルバイト等の平凡なエピソードでもいいので、押さえるべき3つが伝われば内定率が大きく上がります。

成果や実績は重要視されません。数値化できる成果や素晴らしい実績は、なくても

構いません。現実的に、大企業志望でも平均倍率は25倍とのことですので、25人に1人は大企業から内定を獲得できます。仮に○○日本代表や××世界大会優勝といった100人に1人の「成果・実績」モンスターと同じ志望企業でバッティングしても、100人に4人は受かりますので、あとの3人に入ればいいのです。それよりも伸びしろを感じさせる「再現性」が重要です。

ただ、この「再現性」については注意が必要です。得られた「学び」で結ぶのはどこか物足りない。だからガクチカで発揮された「能力」を「強み」に変換して最後にアピールしたい。自己PRにつなげたい。この考えはとても危険です。

「社会人になりましたら、「○○する姿勢」を発揮できるよう、日々の業務を通じて試行錯誤していきたいと考えています」、このようにガクチカは締めくくってください。その理由は次の自己PRで解説します。

自己PRは「〇〇力」でまとめてはいけない

次にES3点セットの2つめ、「自己PR」についてです。自己PRとは、その名の通り自分のアピールポイントを訴えるものです。ガクチカが過去のエピソードに対して、自己PRは現在の自分が持っている、企業に評価されたい・活かせるものとしてアピールするものです。そのため、アピールポイントを論理的に説明できるよう、構文が決まっています。

P149の**図15**の通り、PREP法というフレームワークを使います。自分の主張を伝えるのに社会人も良く使うフレームワークです。1つのアピールポイントを2つの視点から強調すると説得力が増すので、なるべくならガクチカと異なるエピソードで理由や具体的な取り組みを考えたいところです。

就活における自己PRには1点気を付けなければいけないことがあります。ズバリ、最初の結論であるアピールポイントを「〇〇力」でまとめてはいけません。**「私のア**

ピールポイントは〇〇力です！」だったり「私の強みは〇〇力があることです！」と断言するのは危険なので、極力控えてください。

あなたに仕事で活かせる強みはまだない

危険な理由はこれです。どんなに自己分析を深く行って気付いた先天的・後天的な強みでも、親兄弟や先輩、教師や友達といった他者視点から認められた他己分析での強みでも、何なら弱みを反転した強みでも、学生の時点で自己認識できた強みなんて、体力以外は到底仕事に活かせるレベルにはないからです。働き方改革やデジタル技術の進展による仕事の質の変化で、今や体力もそこまで活かせる強みではなくなりつつあります。

ガクチカとして学業で取り組んだこと、部活動で掲げた目標、アルバイトで直面した課題、何なら遊ぶうえで感じた問題点、そういったことを乗り越えて得られた学びや能力は本当に尊いものです。アピールしないともったいないことも確かです。ですが、それらと仕事はまったくの別物です。レベルも違いますし、何より世界が異なります。強みとして通用しません。

異なる世界でも活かせる強み、業界や職種が変わっても持ち運びができる職務遂行上の「仕事をうまくやる力」に社会人基礎力、ポータブルスキルがありましたね。しかし、読んで字のごとく社会人の実務経験の中で取得・磨かれるものであり、学生のうちに身につけられるものではありません。

それに、強みと思っている能力が本当に志望する業界や企業の役に立つものなのかは、職種によっても配属先によっても、与えられた仕事によっても変わりますから、就活の時点では採用担当者にも面接官にもわかりません。

仕事に活かせるレベルまで達していない、本当に活かせるのか不明な能力をアピールしてしまうと、書類選考では「言語化力が低い」とお見送りに、面接では厳しく突っ込まれるのがオチです。新卒一括採用の就活では、現時点で就活生が保有している強みは評価されません。ガクチカで確認されているものと同様、自己PRも伸びしろ優先だからです。

以上のことから、自己PRで訴えるアピールポイントは決して強みではなく、ガクチカでの学びによって得られた心構えや態度を表す際の表現、**仕事に対する「〇〇する姿勢」**が適しています。ぜひお使いください。

仕事に対する「〇〇する姿勢」一覧

自己ＰＲでアピールすべきは強みではなく、仕事に対する「〇〇する姿勢」だ。それはわかった。でも、「〇〇する姿勢」が思いつかない！　助けて！　という人は次の例を参考にしてください。強みだと「〇〇力」と「力」を付けて極力名詞にすると伝わりやすいですが、就活においてアピールすべきは姿勢なので「力」は使いません。すぐにＥＳや面接で使えるよう、「〇〇する姿勢」をそれぞれ「能動的（〜する）」、「受動的（〜な）」、「ビジネス的（〜を試みる）」、「対人的（〜を心掛ける）」の4方向から10個ずつ例示しますので、アピールしたい心構えや態度がどの姿勢に当たるのか考えてみてください。4方向から1個ずつ、合計4個を自己ＰＲ内で訴えられると、様々な角度で自己分析できていると採用担当者や面接官から評価されますよ！

★能動的（〜する）

行動、努力、集中、工夫、実行、継続、創造、決断、持続、学習、等
★受動的（～な）
堅実、慎重、柔軟、謙虚、まじめ、丁寧、主体的、効率的、積極的、自発的、等
★ビジネス的（～を試みる）
論理的思考、課題解決、発信、交渉、情報活用、データ分析、状況把握、トラブル対応、言語化、文章化、等
★対人的（～を心がける）
協調、傾聴、気遣い、感謝、承認、共感、受容、信頼、信用、関係構築、等

仕事に対する「〇〇する姿勢」からは、コミュニケーション、リーダーシップ、プレゼンテーション、マネジメント等のカタカナ用語は敢えて外しました。もはや日本語英語となっているカタカナ用語ですが、どれも幅広い意味や解釈を包含している言葉なので、自分らしさを表す単語としては解像度が低くなるからです。

たとえば「私のアピールポイントは誰とでも「コミュニケーションが取れる姿勢」です」だと、それは「対人での情報共有や意思の疎通をとる姿勢」という意味になる

ので、情報共有力なのか意思伝達力なのか、そのための会話力や対話力、交流力といったものなのか、それともすべてなのか判別できません。伝える力だとプレゼンテーションが入ってきますし、聴く力や理解する力、話させる力だとフォロワーシップという言葉のエッセンスも入るでしょう。

同じように、「私の特徴は「リーダーシップを発揮する姿勢」です」だと、それはチームメンバーへの指導力なのか統率力なのか、はたまた影響力なのか、それともすべてなのか判別できません。人間力かもしれませんし、人柄や人望といったもの、目標設定力や達成力もリーダーシップの構成要素となりますよね？

カタカナ用語は便利ではありますが、正直わかりにくいですし、伝わりづらいです。自分らしさを言語化するには、日本語での表現を心掛けてください。これは外資系企業にも同様で、英語等の他言語指定面接でない限り、母国語をどれだけ操れるのかが評価対象となっているので、日本語でOKです。

自己PRに強みが必要ない理由

自己PRで採用担当者や面接官がどこを重要視しているのかというと、強みではありません。アピールポイントに矛盾や飛躍がないかの「論理性」です。だから「〇〇する姿勢」で十分です。実際に、企業が新入社員に求める能力を確認すると、もう何年も「コミュニケーション能力」の一人勝ちだからです（※図16）。

面接担当者の大多数は**「最終的には、一緒に働きたいと思うかどうか」**と本気で考えています。この背景には、新卒一括採用では「どの部門や部署で働くのか」が採用時点でわからない企業が多いために、「どこに配属してもうまくやれそうな人」を採用するのが合理的だから、との考えが色濃いからです。そのため、「コミュニケーション能力」以外にも「意欲的」や「素直」、「真面目」に「誠実」、そして「明るい」といった人柄に関する事項が上位に並んでいます。

一般的に採用担当者や面接官は、自己PRでは「性格や考え方などの人柄」と、「自社で活かせる強みがあるか」の2点について「論理性」を持って伝えているか、

図16 求める人材像～上位10項目～（複数回答、3つまで）

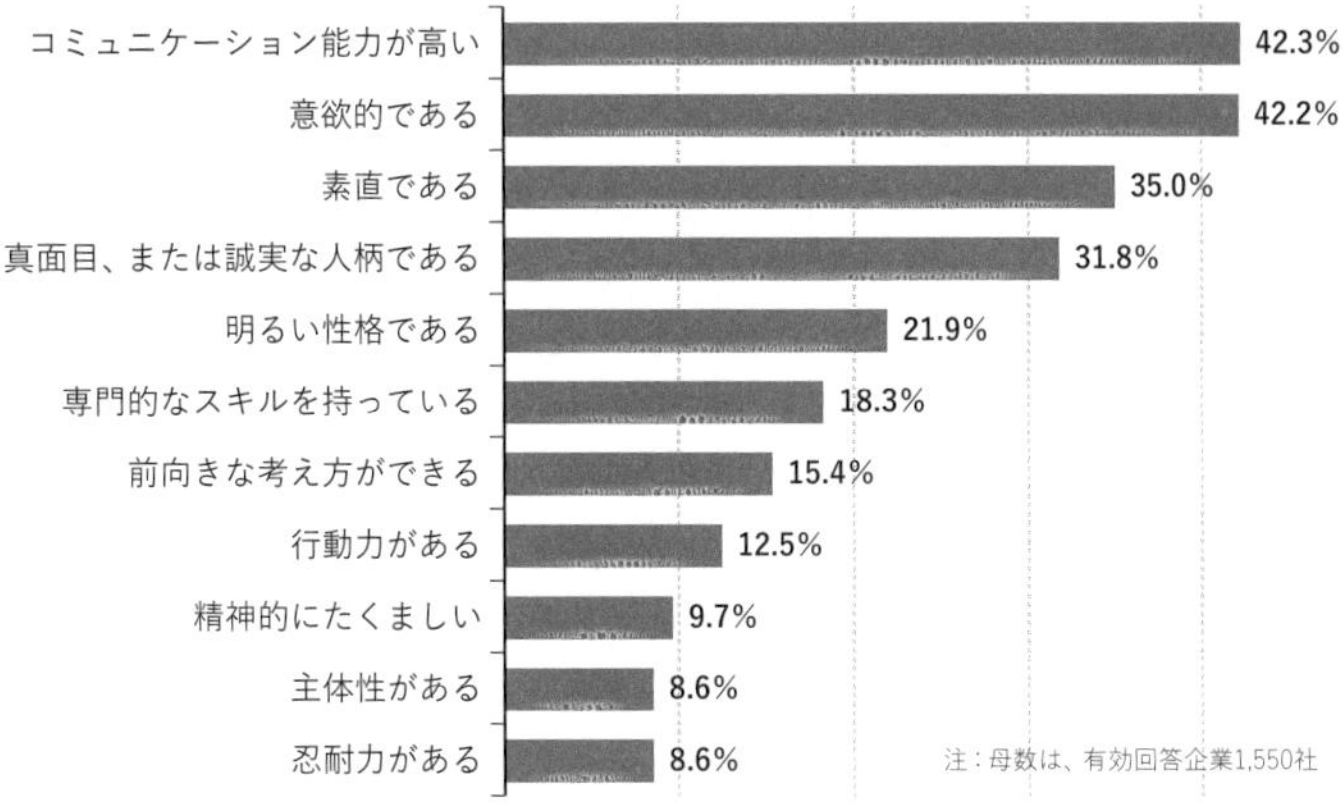

出所：株式会社帝国データバンク 2022/9/12「企業が求める人材像アンケート」https://www.tdb.co.jp/report/watching/press/pdf/p220905.pdf より抜粋

を確認しています。しかし、実際には前者が重要視されるもので、後者は伸びしろ確認でしかありません。企業が見ているのは「あなたが企業に売上や利益で長期的な貢献ができるか」だという言説も根強くありますが、これも人柄・伸びしろ重視と矛盾はしません。

　どんなに強みや実力や実績があっても、それを組織内で発揮できるかどうかは「一緒に働いてもいいと思える人柄なのか」にかかっています。これこそ、就活生の皆さんに自己ＰＲしてほしいものです。

　自己ＰＲの例文はネット検索すればたくさん出てきますし、一人ひとり違うのが自己ＰＲなので、本書ではあえて例文を紹介することはしません。**「自分の性能」ではなく、「自分が入社したらこのように貢献する」と、企業への活かし方をアピールしてください。これだけで内定率がグッと上がります。**

自己PRもガクチカと同様、自分を知ってもらうツールです。押さえるべき点、避けるべき点もガクチカとまったく同じです。大切にするのはあくまでも自分らしさ。「それぞれの企業にどんな強みが刺さるのか」という逆算よりも、「どんな姿勢が刺さる企業の内定が欲しいのか」。生涯収入最大化のためには、自分らしさの解像度を上げて、自分のいいところをアピールして、それを「いいね！」と思ってくれる企業の内定を目指してください。全ての企業から内定を得る必要はないのですから。

志望動機は一貫性が見られている

最後にES3点セットの3つめ、「志望動機」についてです。志望動機とは、その名の通り「応募先の企業でぜひ働きたい！」と思った理由です。ガクチカが過去のエピソード、自己PRが現在のアピールポイントだとしたら、志望動機は未来に向けて自分の想いを伝えるものです。そんな熱意を確実に企業側へ届けられるよう、こちらも構文が決まっています。

P149の**図15**の通り、ガクチカと自己PRの内容を加えた、3つの理由から熱意を構成します。ここで1点だけ気を付けなければならないことが、「一貫性」です。過去のあなた、現在のあなた、未来のあなたにブレやズレがないか、よく確認してください。

自分らしさとは、一貫性です。ガクチカと自己PRで異なるエピソードを挙げても、そこから感じられる人物像は同じである。そう感じられるまで、じっくりと仕上げてください。逆に、一貫性のない志望動機では、あなたがどんな人なのか伝わりません。「結局どんな人なのか、よくわからない」と、自分らしさの解像度が低いと判断されて、お見送りです。

しかしこの志望動機、最初はまったく一貫性がなくても問題ありません。**ESの書きはじめの段階では、コピペで十分**だからです。

ESの志望動機は差別化できない

理由は、志望動機欄の文字数がES3点セットの中では一番少なく設定される傾向にあるからです。確固たるデータはありませんが、ガクチカや自己PRが400文字だとしたら志望動機は200文字で十分、といった設定が数多くの企業であります。それを裏付けるように、大手企業の採用担当者は口を揃えて**「ESの段階で志望動機は重要視しない」**と話しています。

ですので、志望動機の書きはじめはネットに転がっている志望業界・企業別の志望動機をコピペして適当に修正すればOKです。「志望動機　企業名」あるいは「志望動機　業界別」でネット検索すれば例文がたくさん出てきますから、エントリーする企業の数だけ作れば終わりです。ChatGPT等の生成AIの出番でもあります。サラッと作りましょう。以上。

これで終わると怒られそうなので一応解説しますと、ESは就活生にとって会社への最初の接触となるもの、いわばラブレターです。ラブレターにしたためた「あなたにラブレターを書いた理由」にあたるのが志望動機ですから、受け取った企業側とすれば、好きになってくれた理由は何でもいいのです。「その理由は気に食わないから不採用」というのはなく、「好きになってくれてありがとう」しかありませんから。

「そんなことがきっかけになってくれたのか！」と感心させる必要もありません。モテモテ企業は何千通もラブレターを受け取っているので、採用担当者も「これは唸ってしまう志望動機だ、採用！」とかはなく、「好きになってくれるきっかけなんて、大したことじゃなくていいんです。大事なのは、その後のお付き合いですから」という感覚で大量のラブレターを捌いています。これでは差別化する意味がないですし、**そもそも社会人経験のない就活生が考える志望動機に大した差はつかない**ことを、採用担当者は理解しています。

ただし、コピペしただけでは怪しいですし、少なくとも志望動機以外にESに書くであろうガクチカや自己PRとの一貫性は欲しいところです。そこで最低限、ES3点セットが「読みやすいか？」を声に出して読んでみることで確認してください。これだけでかなり変わりますから。

もちろん、これはES作成時の話です。面接でも必ず聞かれるのが志望動機なので、「誰かと同じ使い回し」、「AIが考えたようなフワッとさ」、「本当にそう思っているの？」と面接官に詰められることがないよう、最初のES作成後に本選考前〜本選考中でアップデートさせていきます。

志望動機のブラッシュアップ

選考の過程は企業によって異なりますが、「ES提出⇓各種適性検査⇓一次面接⇓二次面接⇓最終面接⇓内定」といったステップの場合、通常は内定まで3ヶ月前後かかります。これだけ時間があるのだから、**ES提出時の志望動機と内定取得時の志望動機とでは、大きく変わっています。**「就活航海マップ」通り、自己分析と同時に業界研究・企業分析やOB／OG訪問を行っているためであり、エントリー時より志望動機がブラッシュアップされ、より価値観として明確になっていくからです。「この会社に入りたい」という、熱意も高まってきます。これを採用担当者もわかっているので、エントリー時の志望動機は重要視されません。

その反面、面接時には重要視されます。とはいえ、志望動機を面接時に確認する理由は面接官や面接の段階によっても異なりますし、必ずしも志望動機の高さや熱量、本気度が評価に直結するというわけでもありません。共通してチェックされているのは「各面接の時点でミスマッチしていないか」、「面接の準備を事前にしているのか」の2つのみです。

この2つは、どちらも「ファン」防止です。就活生が「企業や商品、サービスのファン」状態にありがちな、企業の良さや商品の素敵さ、サービスの素晴らしさに働く人のワンダフルさといった、会社に「入りたい理由」ばかりアピールするのを辞めさせたい意図です。ラブレターであるESなら「好きになったわけ」だけで問題ないですが、次の初デートでそればっかりアピールされてもうんざりしますよね。

そこで、志望動機では以下の3つの理由を説明できるように考えてください。志望動機の例文はネット検索すればたくさん出てきますし、大して差別化できないのが志望動機なので、本書ではあえて例文を紹介することはしません。それ以上に大切な、欠かせない構成です。

★面接時の志望動機で入れるべきチェック3点。

・入りたい理由＝好きになり惹かれた魅力。
・働きたい理由＝魅力的なあなたをさらに輝かせる方法。
・活躍できる理由＝あなたを輝かせられる自分なりの根拠。

ファン的な「入りたい理由」しかない志望動機だと、その企業で「働きたい理由」がわからない、その先の「活躍できる理由」が見えない。だからお見送り、になります。志望動機のブラッシュアップとは「あなたのファンだから御社へ入りたい。こんな理由があるから御社で活躍できるし、貢献もできます！」と熱意と一貫性を持たせられるように、ガクチカや自己ＰＲを混ぜながら、「入りたい理由」、「働きたい理由」、「活躍できる理由」の３つを説明できるように前もって準備しておくことです。

志望動機の理由は後付けでいい

というより、正確には後付けになるものです。ＥＳ３点セットの作成順は「ガクチカ」⇓「自己ＰＲ」⇓「志望動機」と過去から未来へ拡散・収束していくものなので、志望動機は前の2つと整合性を取りながら作成していきます。「志望動機」⇓「自己PR」⇓「ガクチカ」のように、**志望動機ありきで、そこにつながるアピールポイントや学生時代の経験談を自己分析として探すのではありません。逆です。**

「就活航海マップ」通り、就活のスタートは企業に「興味・関心」を持つことからでした。この「興味・関心」だけでは志望動機を数百字も書けませんし、ガクチカや自己PRともつながりません。だからESの段階では、ネットに転がっている志望業界・企業別の志望動機をコピペして適当に修正で十分なのです。

そんな志望動機の3つの理由、特に「働きたい理由」に入れたいのが、「①その業界で働きたい魅力」と「②その企業で働きたい魅力」の2つです。「入りたい理由」のようにファン目線になることなく、感じた魅力と一層輝かせる方法としての理由を、自分の言葉でたくさん伝えられるよう準備してください。

志望動機の「働きたい理由」を、「①その業界で働きたい理由」⇓「②その企業で働きたい理由」で魅力的に説明しつつ、次の「活躍できる理由」で〆れば、一貫性があり論理的、かつ再現性を感じられる熱意ある志望動機になります。また、「どうして他社じゃなくてうちの会社なの？」といった質問をされずに済みます。

★「①その業界で働きたい理由」で入れるべき魅力と「活躍できる理由」5点。

・「就活の軸」に最も合う魅力的な業界か？
・その業界でしか社会に提供できない魅力的な価値は？
・その価値で魅力的な届け方（商品やサービス形態）は？
・その業界でしか経験できない魅力的なことは？
・業界全体の魅力的な特徴は？

★「②その企業で働きたい理由」で入れるべき魅力と「活躍できる理由」5点。

・競合他社と比較した事業の強み・商品の魅力は？
・経営理念と中長期経営計画で感じる魅力は？
・従業員がお客様への姿勢・関わり方で大切にしている魅力は？
・インターンやOB／OG訪問でわかった従業員の人としての魅力は？
・社内外キャリアの歩き方の魅力は？

さすがに5点全部入れるのは文字数が足りないと思いますので、最低1つずつ入れるようにしてみてください。トライ&エラー、試行錯誤の数だけ選考の突破率は高まってきます。**志望動機は一度作ったら終わりではなく、就活期間中に何度もブラッシュアップしてください。**

自己分析に必要な他者目線を得る方法

ES3点セットの作り込み方の中で、「最低一人、誰かに見せて意見をもらう」としていましたね。自己分析には他者目線が必須です。「他者に自分の特徴を確認して客観的な視点を取り入れ、自己分析を深める」、他己分析とも言います。

自己分析は、一人で内省ばかりしていると主観的になってしまい、客観視できなくなることが多いです。できる限り「自分らしさの解像度を上げる」ためにも、就活における自己分析は他者目線、他己分析も取り入れてください。

ただし、この他己分析をお願いする相手は、決して間違えてはいけません。間違えてしまうと自己分析どころか就活全体にも悪影響が及ぶからです。

他者目線にちょうどいいのは友人・知人

P53にある通り、「就活は団体戦である」。同じ学部内の友達や他大学の知り合い、高校の同級生といった一緒に就活戦線を闘っている同期からの他己分析はとても力になります。**実際に、「就活中に他己分析をお願いした相手」の圧倒的第1位は友人・知人です**（株式会社クロスマーケティング　先輩たち500人アンケート「他己分析、やった？やってどうだった？」より）。

友人や知人は「学校にいる自分」や「バイト先にいる自分」を知っているので、そうした場での自分の姿を知っている友人や、同じ時間をシェアしてきた知人に聞くと効果があります。特に長年の友人だと、自分の過去を十分知っている相手なので、あなたが気付いていない「〇〇する姿勢」にアドバイスを貰えることもあります。自分が短所だと思っていたところを肯定的に捉えてくれていた、自分の隠れた適性を知ることができた、自分ではまったく考えていなかった視点を教えて貰えた、等の声もあります。

また、遠慮のない間柄なら逆に自分が弱い点、至らない面もズバリと指摘してくれます。自覚している自分の悪いところにツッコミを入れられた、知りたくなかった癖を注意された、忘れたかった出来事を暴露された、等と耳が痛いことは確かですが、大学時代の挫折や失敗経験、いわゆる苦労乗り越えエピソードを思い出すキッカケにもなり得ます。友人同士なので笑い飛ばしましょう。

ただ、こういった指摘は結局、すべて過去か現在の自分相手にしか過ぎません。友人・知人は、将来のあなたに何かアドバイスをするような立ち位置ではないですよね。ES3点セットの「ガクチカ」、「自己PR」といった過去視点、現在目線の深堀り・確認にはとても有効ですが、「志望動機」になる未来への展望につながるような他己分析の相手も欲しい。となると身近にいる年長者の社会人、ということで「就活中に他己分析をお願いした相手」第2位の親族・保護者、特に親へ依頼する就活生が多いです。

しかし、これはおススメできません。究極の過去視点の持ち主ですし、世代が異なっているために、就活に対する価値観も異なっているからです。

他者目線に相応しくないのは親

「オヤカク（企業が内定を出した学生の親に対して自社のことを紹介したり、内定同意の確認を取ったりする行為。内定辞退に有効とされる）」という言葉も就活用語化してきた現在、親の存在感は大きくなっています。少子化で1人っ子も多いため、子供の教育や将来に関心の高い親が多くなったり、母親が現役で働いている、もしくは以前にバリバリ働いていた経験を持っていたりするため、企業や業界・職種に詳しいことも関係していると思われます。

就活生の皆さんの心情としては、親が1番自分を理解してくれている存在であり、社会人の先輩としても意見を聞きたい。だと思いますが、親と子で就職先に対する思いの相違はデータで証明されています。マイナビ株式会社「2022年度 就職活動に対する保護者の意識調査」によると、親の企業選択基準は「経営が安定した会社」が48・8%でTOPであり、中でも子供に働いて欲しい企業は公務員が圧倒的に1位と、大手安定型を望む傾向が高いことがわかります。

就職先に対する考え方として、40代~50代前半の氷河期世代が中心であろう親のほとんどは「安定」＝「働きやすさ」のみ考えます。パワハラやセクハラ、ブラック企業や過労死等の人材ポイ捨て問題に直面していた私と同世代であるため、少しでもそのような心配のない企業に就職して欲しいという親心も理解できます。しかし、「安定」は呪いの言葉です。新卒から定年まで40年以上「安定」し続けられる企業は、「平成の大合併」に象徴されるように、公務員含めてどこにも存在しません。

それに、生まれてからずっと皆さんを見ているのが親ですので、自分の人格や価値観がどのように形成されてきたのかを幼いころから辿られたり、小学生の時の通信簿を出されて解説されたりしたら、なかなか否定できません。これはもう、他己分析でなくて単なる呪いですよね。

就活は、人によっては人生で初めての自己決定となります。たとえ親が20歳以上の子供に代わって内定辞退を申し出ても法的拘束力はありませんので、就活生の皆さんを心配するでしょうが、心配すること自体が親の役割です。ある意味特権でもありますので、思う存分心配かけて役割を果たしてもらいましょう。

他者目線に欲しいのはキャリアの専門家

「志望動機」となり得る、未来への展望につながる他己分析の相手としてオススメなのが、「就活中に他己分析をお願いした相手」第3位の大学のキャリアセンターの職員、そして第4位の就活エージェントのキャリアアドバイザーです。プロの専門家に頼れ、ですね。どちらも国家資格キャリアコンサルタントをお持ちの方が多いので、最高に頼れる存在です。

キャリアコンサルタントは国家資格の質の維持のため、「傾聴」に代表される対人支援の技術を日々鍛えて習得しています。キャリアの専門家として相談の中で話した内容から、私たちが自分では気付けなかった価値観の発見や、これまでの経歴の棚卸し、これからの展望、その言語化まで手伝ってくれます。使い倒さないと損ですよね。

就活エージェントのキャリアアドバイザーは効率よく企業の情報を手に入れられる点はメリットですが、就活生の状況を把握した上でのサービス提供が難しい場合があり、またビジネスとして紹介した企業に就活生が入社しない限り売上にならないので、どうしても企業の紹介から入社させようと「誘導」しがちです。

その点、**大学のキャリアセンターは、まさに就活生の駆け込み寺です。**就活生一人ひとりとじっくり向き合いながら親身なサポートを提供してくれますし、就活生の性格や志向性を理解した上で、企業を「提案」してくれます。「提案」なので、受け入れるのも拒絶するのも自由、選択肢の自己決定権を尊重してくれます。ぜひ、身近なサポーターとして最大限に活かしてほしいと思っています。

逆に、**X（旧Twitter）等のネットで見つけた自称キャリアの専門家・就活のプロに頼るのは辞めてください。**特に、このようなワードを連呼するアカウントには気を付けてください。注意喚起します。

- 就活で絶対NGな〇〇。
- これで大手内定は余裕。
- これができたら即内定。
- この会社に入れれば人生勝ち組。

・就活無双　等

これらは、だいたいが就活塾といった高額な自社サービスへの誘導です。役に立つ就活塾やプロの就活アカウントも多数存在していますが、そういった方々は大げさで強い言葉は使いません。中には1年間で何十万円も請求してくるような団体もあります。「生涯賃金最大化で40年後に1億円もの差が付くから、数十万円の自己投資は安いでしょ？」、「正しく理想的なキャリアを歩めるなら百万円でも安いでしょ？」といった甘言に乗ることなく、良心的な団体、就活アカウントを活用しましょう。それに生涯収入最大化の就活は、この本を読めばできますから。

生涯収入を最大化させる就活の技法
その④
面接対策

自分らしさをどれだけ表現できるか

「就活航海マップ」通り、就活先の選択、自己分析からのES作成ときたら、次は面接対策ですね。**「就活は、企業が考えている「採用したい人物像」にどれだけマッチさせられるかが勝負。だから、自分という存在を大きく見せて売り込むスタンスが大切」、ではないです。**企業が採用したいと思う就活生は「最終的には、一緒に働きたいと思うかどうか」だからです。

一緒に働きたいと思われるためには、自分のパーソナリティや姿勢、特徴といった「自分らしさ」をどれだけ正確に伝えられるかにかかっています。これは個別面接だけでなく、インターンシップでの選考や集団面接、グループディスカッションでも同じです（集団戦では、自分以外にも集団全体を勝たせる意識が必要ですが、違いはそれだけ）。

だからって、「ありのままの自分でいいんだ！　このままでいいんだ！」と何の対策もなく面接に挑んでしまっては、間違いなくお見送りになります。自分を大きく見せることは不要でも、等身大の自分を表現する準備と練習は必須だからです。

ありのままと自分らしさの違い

「ありのままで面接に挑め！」、「ありのままの自分で大丈夫！」とは、自称キャリアの専門家・就活のプロがアドバイスしていることです。彼らの論理は「ありのままの自分を採用してくれる会社が、一番自分にマッチしているから」。この論理自体は間違いではありません。下手に自分を偽ってもバレますし、就活はあくまで企業とマッチングするかしないかですので、ありのままで挑んだ結果、採用されれば万々歳、採用されなくても縁がなかっただけ、は正しいです。なので何十社からお見送りになっても、びくともしないマインドセットでいてくださいね。

しかし、これは「何も特別なことをする必要はないですよ。あなたに合う企業はきっとどこかにあるはずだから」という意味ではありません。こうした発想では就活は上手くいかず、単に受け身の状態を肯定してしまうだけ、青い鳥を永遠に探す羽目になりかねません。プロの専門家はそれを危惧しています、これがお高い就活塾の誘い文句となっていることに。**ありのままと自分らしさは意味が違うのです。**

ありのままとは、嘘や偽り、誤魔化し等がなく、あるがまま、何も手を加えない、ある通りの様であること。これは過去に起こった出来事や自分が考えている将来像をそのまま表現することです。対して自分らしさとは、ありのままの自分を受け入れて、その姿の中で自己の本質や特徴を周囲に表現すること。これは周囲の期待に応えるべく、自分自身をありのままに表現することです。

実際の面接の場では、就活生は面接官に知ってもらうべき情報を、自ら発信することが求められます。面接官が知りたいと思っている情報に対し、それにふさわしい情報を提供しようという、自分らしさを表現する努力が必要なのです。ありのままで何の準備もしないまま面接に挑むと、「自分のことしか話さない」、「話の論点を勝手にズラす」、「自分が正しいと思い込む」等、準備不足による「ありのままの自分」を披露することになります。これではお見送りです。

企業は、ありのままのあなたを求めていません。企業で活躍する期待が持てるあなたを求めています。その期待に全力で応えるためにも、ありのままの自分らしさを面接で表現する。その準備をすれば必ず求められる人物像になれます。

企業の期待に応える基本的な態度

これはもう、企業が新入社員に求める能力にありましたね。P170にあった通り、「意欲的」で「素直」、「真面目」に「誠実」、そして「明るい」。この人柄を全面的に押し出して、面接官とコミュニケーションが取れることを証明する。これで一緒に働きたい人柄のできあがりです。どんな見た目で、どんな立ち居振る舞いで、どんな話し方をすれば良い印象を持たれるのか、普通に考えればその通りですからね。

何度も強調しますが、企業は就活生の伸びしろをESや面接で判断しています。では、伸びしろを感じさせる人とはどんな人か？　というと「素直で良い人」です。就活生も若手社員と同じで「分かりません。申し訳ございません。教えてください」を素直に言える人が好感を持たれます。一次面接で「自分の勉強不足です…」と、わからなかったと素直に話しても、次の二次面接までにしっかり調べてくる人は人間として信頼されます。

知ったかぶりをせず、わかったふりをせず、等身大の自分を前向きに表現すれば、意欲的で素直、まじめに誠実な人だと思われます。これは素直で何でも言うことを聞く、意思がない人間ではありません。どのような局面でも自分らしさを発揮して、周囲を巻き込みながら物事を推進していける人だと、企業側は受け取ります。

自分を偽った人柄なんてできない。難しい。抵抗がある。そう思った就活生の皆さんは、自分らしさが足りていません。それはありのままの自分です。面接官はあなたの「ありのままの立ち居振る舞いを見たい」わけではなく、「活躍できそうな立ち居振る舞いが見たい」のです。何も性格を変えろ、陽キャになれ、パリーピーポー、ウェイ系が最高！　ではなく、面接のときだけは、少し意識するだけでイメージが良くなることをしろ、ということです。

- 常に背筋を伸ばし、姿勢をよくする。
- 動作はキビキビ、行動は迅速に。

・髪型は常に拘り額を出す。
・靴はきれいに磨く。
・目力を意識。
・取り敢えずニコニコしておく。
・その日面接官が会う就活生の中で一番の元気を出す。
・語尾は伸ばさずハッキリ・ハキハキ話す。

これで明るさも9割方何とかなりますので、この基本的な態度を忘れないでください。実際に、専門分野の知識・技術等が高い人よりも、コミュニケーション能力が高い「素直で良い人」、そして「一緒に働きたい人柄」かどうかが、採用したい学生の人物像ですから（内閣府「企業の採用活動に関する実態調査」より）。

自分らしさの表現には練習が必要

明るさを意識する最後の「語尾は伸ばさずハッキリ・ハキハキ話す」、これだけは習熟度を高める必要があります。練習あるのみです。アナウンサーのようにすらすら喋れる必要はありませんが、**自分らしさを正確に伝えるには、最低限の練習量が必要だからです。**

面接は練習をすればするだけ上達します。面接の練習を行い、模擬面接や早期選考での面接を重ねて課題を振り返り、改善し、実践を続ける。勉強や部活動と同じです。この練習の絶対量、特に改善の量が少ない就活生がほとんどであるために、誰でも面接で一発大逆転が狙えるのです。

自分らしさを面接で伝えるには、それだけ面接慣れが必要です。特に暗記っぽい話し方は要改善です。「ああ、頑張って原稿を覚えてきたんだな」と面接官は肯定的に思ってくれますが、同時に、「なんだか嘘くさいな」とも感じます。信用ならない気がするのです、暗記したものって。ＴＶドラマやYouTubeを見てもわかりますよね、棒読みで練習足りてないな、作り物っぽいなって。あの感覚を持たれます。

もちろん、最初は暗記から始まりますので（暗記すらしないで、ありのままで行かないように！）、日々鍛錬、トライ&エラーあるのみです。

・毎日1分、笑顔で発声練習（笑顔を浮かべながら！）

・毎日5分、笑顔でES3点セットを朗読（5分あれば1，500字読める！自然と結論ファーストにもなる！）
・毎日10分、笑顔でプレゼンをTikTok撮影（撮影時間は1分でいい！準備や振返り、改善も含む！10回もやれば「えー」、「あのー」といった詰まりを消せ、声質やスピードも意識できるようになるぞ！）

これを大学3年生春から日々継続して試行錯誤できれば、暗記っぽさからは完全に脱却でき、自分の本心を熱量高く話せるようになります。この練習を下地に、模擬面接や早期選考の面接を複数回経験すれば傾向から改善と対策の効果も発揮され、どんな面接でも、どんな質問をされても対応できるようになり、内定をGETできる確率が飛躍的に高まります。

継続は苦手、という人も多いでしょう。毎日なんて辛い、TikTokで踊るのは恥ずかしい。そう感じる人も多いでしょう。3日坊主でいいです。3日坊主も繰り返せば効果は出ます。TikTokは自分自身で振り返られるように使うだけですので、公開までは求めません。友人・知人とお互い見せ合って赤面すると、上達も早いのは事実ですが。

どんな話し方であれば「活躍できそうな立ち居振る舞い」と面接官から期待されるか。自分が面接官になったつもりで、自分らしさを最大限出せるように努力してください。練習量は嘘をつきません。その努力した量が自信となります。「自信を持って話せる」就活生は、面接官に必ず評価されます。

自分らしさを表現する技術

「自信を持って話せる」就活生に、面接官は強い魅力を感じます。それだけ企業で活躍する期待が持てますからね。将来的に、自社の商品やサービスについて自信満々にプレゼンできる、顧客に提案できる姿を容易に想像できます。面接官にそう思われたなら、間違いなく面接を突破できますよね。

逆に、不安げで、おどおどし、目が泳いだまま、質問にも曖昧な回答しかできない就活生は選ばれません。質問への回答の内容以前に、これではお見送りになってしまいます。**自信を持って自分らしさを伝えられる就活生が勝つ、それが面接です。**何も難しい内容を話せ、個性豊かなアピールをしろ、唯一無二を表現しろ、ではないのです。自分自身のことや、自分が考えていること、自分の想いを、相手の期待に応えてありのままに伝える。それだけです。

ただ、このありのままに伝えるには、練習量とともに、ある程度の技術が必要です。面接での暗黙のお約束事でもあるので、守らないとお見送りになります。

自分らしさを伝える言語化力を磨く

面接官のほぼすべてが、「自分自身の体験や考えをわかりやすく伝えられる就活生」を面接で評価します。「今の就活生の話はわかりやすかったｏｒわかりにくかった」と評価の論点にしていたり、それで面接の合否が決まったりもします。その対応策として、次の３つの技術の練習をしてください。

・結論ファースト。
・シンプルに話せ。

・具体的な取り組みを話せ。

練習を重ねれば、自然と言語化力が磨かれます。すると、あたかも面接官が頭の中で情景をイメージできる、映像化できるほど、わかりやすく伝えることができるようになります。「ほぼ同じ内容を話しているのに、受かる人と落ちる人に分かれる」のは、この言語化力の差です。そして、この言語化力に最も必要な技術が、ES3点セットにもありました「具体的な取り組み」を話せ、です。

たとえば、「私の特徴は最後までやり切る姿勢です。理由は、ストレス耐性が高く、達成意欲が高いので、どんな困難な目標でも最後まで諦めずに取り組めるからです」といった自己PRがあるとします。結論ファーストでシンプルにも話しています。しかし、これは「わかりにくい話」です。

なぜなら、**面接官が知りたいのは抽象的なものではなく、具体的な「イメージ」**だからです。曖昧で抽象的な話はイメージが定まりません。数字や固有名詞を出す等して、詳細で具体的な話をしないと、伝えたいイメージが伝わりません。このイメージが湧かないのが「わかりにくい話」なのです。ですので、「具体的には〜」と続けて、過去のエピソードやストーリーを伝える必要があります。これを「抽象と具体」といいます。

面接官は「信憑性があるか」、「どの程度のレベル感か」を確かめるために具体的な話を聞いてきます。ここで、いくら聞かれても細部が出てこなければ「嘘つき」、「他人の手柄にタダ乗りしている」、「あれはわしの手柄じゃサギ」と思われ、お見送りです。

また、具体的でなければレベル感が伝わりません。たとえば、「カフェで接客のアルバイトをしていました」だけでは、個人経営の純喫茶で常連客相手に深いコミュニケーションを取りながら仕事をしていたのか、駅近のチェーン店で多数のお客様を捌いていたのか判別できません。両者では使う能力も難易度も異なりますから、必ず具体的に確認されます。

ES3点セットでは具体的なエピソードを入れていたのに、いざ面接の場となると結論ファースト、シンプルに話せに囚われ過ぎてしまう。面接あるあるです。しかしこれは、練習で克服できます。敬語は多少間違えても問題ありません。それよりも、自分の言葉で具体的に自分のストーリーを簡潔かつ具体的に、そして熱を持って語れるようにしましょう。あとは、聞かれたことに素直に答えれば大丈夫ですよ！

緊張するのは当たり前と悟る

聞かれたことに素直に答えればいい、そう簡単に言われても緊張して言葉が出てこない。いざ本番となると独特の雰囲気に飲まれてしまう。頭が真っ白になって準備していた答えを忘れてしまう。面接を前に、不安なことは次から次へと浮かんでくるものです。私もすべて体験していますし、今でも初対面の人との面接は緊張します。あんちょこを画面内に用意できるオンライン面接でも緊張しますし、これが対面面接だと頭の中にすべて準備しておかなければなりませんから、大多数の就活生が緊張すると思います。

面接は合否をジャッジされる重要な場なので、どんなにエントリー数を増やして場数を踏んでも緊張するのは当たり前です。「緊張するのは自分だけではない」という意識を持ちつつ、**緊張がどうしても取れない場合は、あらかじめ「緊張しています」と正直に伝えましょう。**「第一志望のため緊張しています」だと、入社意欲も自然と伝えられます。「先に言えば説明、後で言うと言い訳」。言葉にすることで気持ちが楽になりますし、面接官と気持ちを共有することで、和やかな雰囲気にもつながります。

もちろん、本番であまり緊張しないためにも面接練習を積み重ねていただきたいですが、練習と本番では緊張感がまったく異なるのも事実です。また、緊張を感じるのは生物として「自然な反応」なので、しなくなることは決してありません。そういうものだ、と割り切って「失敗しても大丈夫」と気楽に構えるくらいでちょうどいいです。

完璧さよりも自分らしさ。面接官にも緊張は伝わっていますから、そのような状況の中でもベストを尽くしている様子は必ず届きます。「失敗した、やらかした」と自分が思っても面接に通過するのはあるあるです。大学生活ではそうそう味わえない緊張感を、少しでも楽しんでみてください。

ここで決してやってはいけないのが、「自分を良く見せよう」とすることです。「自分を優秀に見せなくては」と気負っていると、緊張で力を発揮できなくなりますし、面接官は「盛ったな」と見破ります。等身大の、ありのままの自分をアピールするのが賢明ですよ。

面接で見られているポイントを押さえる

面接が進むごとに、面接官の見ているポイントは変わります。一般的な進み方である一次面接、二次面接、最終面接ではそれぞれ評価項目が違っていますので、練習を重ねつつ、想定問答を十分用意して臨んでください。各面接の段階で、面接官が特に重要視しているポイントを解説します。

・一次面接＝基本的な態度に問題ないか

一次面接は、足切りの役割を担っています。企業の期待に応える基本的な態度を示せば問題なく突破できます。挨拶がない、表情が暗い、言葉使いがアレ、といったネガティブチェックですから、基本的な態度にマイナス点が複数あると落ちます。ドアノック回数は関係ないです。一次面接で繰り返し落ちてしまう就活生の皆さんは、自己ＰＲや志望動機に時間を割くのではなく、基本的な態度を磨いてください。

人気企業となると一次面接を受ける就活生も数多くなるので、面接官も足りません。

そこで、短い時間で足切り判断ができるよう、最低限の態度の確認をしてきます。また、迷ったら二次面接へ残す面接官も多いのが一次面接の特徴です。

・二次面接＝一緒に働きたいと思えるか

二次面接は、基本的な態度に加えて「一緒に働きたい人柄かどうか」を様々な角度から確認されます。面接官も人事部以外に各部門のマネジャーといった役職付きの人が登場してきますので、練習の成果を発揮して自分らしさを思う存分、伝えてください。企業が求める「活躍できそうな立ち居振る舞い」をしつつ、自信を持ってありのままの自分らしさを話しましょう。二次面接で繰り返し落ちてしまう就活生の皆さんは、ひたすら面接練習あるのみです。

また、次が最終面接のために「こんなヤツを通すとは、いったい何事だ！」と経営層に怒られないよう迷ったら落とすのが二次面接ですので、一次面接後に振り返りと改善、対策が必須です。

・最終面接＝会社への熱意があるか

最終面接は、志望度の高さをチェックされます。というのも、最終面接は社長もしくは役員レベルの経営層が担当するので、基本的な態度さえできていれば一緒に働きたい人柄かどうかは重視されません。それよりも「内定を出したら、入社してくれそうか」と会社への熱意、本気度を試されます。これはもう、志望動機一択です。入りたい理由、働きたい理由、活躍できる理由を、経営層を圧倒するほどの熱量と覚悟で、入社後に活躍している姿をイメージさせられるくらい、伝え切ってください。

最終面接で話すこと、質問に答えることは、これまでの延長で構いませんが同じではいけません。業界分析・企業研究もかなり進んでいますし、自己分析も深まっているはずです。OB/OG訪問や現場見学、インターンシップ等でリアルな実務を知る機会にも恵まれたと思います。エントリー時や一次面接のときから大幅にブラッシュアップされた志望動機で勝負を挑んでください。

最終面接で繰り返し落ちてしまう就活生の皆さんは、「自分が面接官だったら、今の自分を採用するか?」と問い掛けをしながら、自信+熱量高く自分らしさを表現できるまで、あらゆる質問に食らい付けるよう生涯収入最大化のためにも準備して臨んでください。きっと突破できますよ!

質問と逆質問に備える

当たり前のことですが、面接はどの段階でも「コミュニケーションが取れる人物か？」を最重要視します。まるで対話のように流れるがまま会話を進められれば最高ですが、初対面の面接官とはさすがに難しいので、

・結論ファースト。
・シンプルに話せ。
・具体的な取り組みを話せ。

の3つだけ意識してください。

面接でのNG行為は、面接官をコントロールしようとすることです。回答に意外性を持たせる、いつも以上に大げさな表現をする、すべてを伝えずに関心を持ってもらおうとするｅｔｃ……そうやって「面接官から次の質問を引き出す回答をしよう」、

なんて自称キャリアの専門家・就活のプロの嘘テクニックに騙されないように。面接官は必ず見破ります。自分を良く見せるために印象操作しようとしているな、と。**聞かれたことに素直に答える。これでOKです。**

時には答えにくい、意地悪と感じる質問もあります。それでも何か答えないと「人の話を聞いていない」、「準備が足りない」、「コミュニケーションに難あり」と断じられかねません。全力で食らいつきましょう。

ここでは、答えにくい質問の代表格2つと、逆質問について解説します。

希望の部署と、もし希望通りに配属されなかったらどうする？

二次面接で聞かれることの多い、セット質問です。つい内定が欲しくて「どの部署でも構いません、頑張ります！」と力強く言い切ってしまう、あるいは、「希望の部署に配属してもらえるように、配属された部署で頑張ります！」と希望を伝えずに熱意だけアピールしてしまう。これは最適な答えではありません。その気がなくても「与えられた場所で花を咲かせます！」と断言しろ、等とアドバイスしている自称キャリアの専門家・就活のプロは採用のプロセスを理解していません。いくら専門性を問われない総合職での募集でも、大半の企業は配属先と受け入れ可能人数を想定しながら採用活動を行っていますので、就活生の希望の部署は事実上参考程度でも確認しておきたいのです。参考にはしますから。

就活生に有利な売り手市場である現在では、本人の希望は忌憚なく話してほしい、と願う企業がほとんどです。希望がすべて通るわけではありませんし、会社全体で人員計画を策定していることから将来的に希望が叶う保証もありません。しかし、希望の部署でやりたいことと希望理由を明確に示すことで、志望度と期待値のアピールにつながります。

「私の希望は○○部署です。もし希望が通りましたら～（自己PRや志望動機につなげる）」

と、嘘偽りなく話しつつ、熱意を強調しましょう。希望の部署がある、ということは部署単位まで企業分析をしっかり行ってきた証拠ともなりますので、必ず用意してください。

次に高頻度で「希望通りに配属されなかったらどうするか」と聞かれますので、その場合は、

「配属された部署で貢献できるよう頑張ります。私は○○部以上に「御社自体」に魅力を感じています。その魅力とは～（志望動機につなげる）。もちろん、○○部が第一希望ですが、希望が通らない場合でも御社に貢献できるよう努力します」と、希望が通らなくても配属部署で努力できる、というスタンスで回答してください。もちろんこれは内定に主眼を置いた場合であり、「希望通りでなければ入社したくない」レベルまで部署単位での熱意が育っているのであれば、正直に伝えてくださ い。その状態で内定を得ても希望通りの部署に配属されなかったら、お互い不幸になるだけです。熱意を持って意欲的に仕事に取り組める人、それが面接で評価される「一緒に働きたい人柄」ですから。

内定を出したら入社してくれる？他社の選考状況は？

最終面接の最後に聞かれることの多い、セット質問です。つい内定が欲しくて「御社が第一志望です！」と、どの会社にも力強く言い切ってしまった。次に他社の選考状況を聞かれて「御社以外は今日すべて断ります！」と熱意をアピールすべく嘘をついてしまった。これは最適な答えではありません。その気がなくても「御社から内定を得られたら、その時点で就活やめます！」と断言しろ、等とアドバイスしている自称キャリアの専門家・就活のプロは時代遅れです。それは企業側が圧倒的に有利だった頃のお約束ごと、就職氷河期の遺物です。

就活生に有利な売り手市場である現在では、他社の選考状況も含めて正直に話してほしい、と願う企業がほとんどです。最終面接は役員レベルですので、入社の意思や熱意が伝わらなかったらお見送り、ではありますが、だからといってその気もないのに嘘をつかれると、企業側にとっても判断に迷いが生じます。就活生の熱意は参考程度ではなく、決め手になり得るからです。志望度のアピールにつながるどころか、決め手です。もちろん第一志望の企業であるなら「もう就活は終わりです！」と言い切って構わないのですが、すべてのエントリー企業の選考が終わってからでないと、どの企業の内定を承諾しようか決められないことがほとんどです。

そこで、どの企業に対しても、
「内定を頂けたら御社に決めます」
と、第一声では簡潔に言い切ってください。企業は採用活動に膨大なお金、時間をかけています。入社意思の確認が取れないまま内定を出すことはできません。また、ミスマッチから早期退社へとつながってしまえばすべてが水の泡となってしまうので、そうならないために少しでも入社意欲を疑われる回答には決して内定を出せません。まずは、期待に応えるように必ず「当たり前ですよ」という雰囲気で回答してください。その後に、志望動機を続けて熱意をアピールすればOKです。

次に高頻度で「他社の選考状況は？」と聞かれますので、その場合は嘘偽りなく、しかしツッコミどころもないように、

「正直にお話すると、〇〇の会社と●●な理由で迷っていますが、御社の△△が□□なので、御社からの内定を最優先にしたいと考えております」と話しつつ、さりげなく企業分析の成果も押し出してみましょう。これなら第一志望でなくても嘘は言っていませんので、心苦しさもないと思います。

「まだ迷っています」と言い淀んだ時点でお見送りになるのが最終面接ですし、嘘偽りは顔に出ます。声に出ます。立ち居振る舞いに出ます。自信を持って熱量高く自分らしさを表現するためにも、嘘偽りなく言い切ってください。正直に自分の状況と想いを伝えられる人、それが面接で評価される「素直で良い人」ですから。

逆質問の内容は選考に影響しない

これが逆質問に対する結論です。**どの面接でも、最後に与えられる逆質問タイムで「人事が唸る逆質問」、「思わず内定を出してしまう逆質問」、「マジで評価が高かった逆質問」なんてものはこの世に存在しません。**断言しますが、それまでの面接の流れで「これはお見送り」、「これは通過」と面接官が判断していた評価を、最後の逆質問だけで覆すことはあり得ません。逆質問の都市伝説を流布する自称キャリアの専門家・就活のプロに騙されずに、志望企業の社員である面接官に聞いてみたい、その会社にまつわる「興味・関心」を確認する程度にしましょう。

もちろん、「興味・関心」ですので、基本的には何でも構いません。社会人の先輩となる様々な企業の方々へ、率直に質問できる機会はそうありません。せっかくの逆質問タイム、自分と企業とのマッチ度を測るためにも、必要な情報を取りに行く質問等で有意義に使いたいものです。

ただ、もったいないと思ってしまう、できれば控えるべき逆質問が2つあります。

①調べれば簡単にわかることを聞く。
②今日の面接についてフィードバックをください、と依頼する。

①については、給料・福利厚生等の待遇面や残業時間といった「働きやすさ」が代表ですが、これらは企業分析をしていれば確実にわかることです。調べればわかることを聞いてしまうと、「そんなことも調べていなかったんだな」と、ガッカリ感を面接官に与えかねません。控えましょう。

可能な限り調べた結果、どうしても曖昧な部分が残っている場合は、「働きやすさ」以外の「働きがい」や「働きかた」も含めて、遠慮なく質問してください。認識違いからの「こんなはずじゃなかった」がお互い最も不幸な結果になる原因ですので、疑問や不安を逆質問で解消しつつ、業界研究・企業分析を深めてください。

②については、初デートのときに「今日のデートコース、どうだった？ 他の人とのデートの参考にするから、感想をちょうだい」と聞いてくるのと同じですから、正直ドン引きです。自社の面接を踏み台にしていると捉えられてしまうので、「人の気持ちを考えていない」、「自分本位過ぎる」、「やはりコミュニケーションに難あり」と、

著しいガッカリ感を面接官に与えかねません。控えましょう。

もちろん、「どんな経験を積めるのか、上司や先輩からどんなフィードバックが得られるのか」みたいな、社風を知る上で大切な要素を聞いたり、今後のキャリア、「働きかた」を考えるうえでもプラスに働くフィードバックを聞いたりするのはOKですので、遠慮なく質問してください。

逆質問は企業を選ぶ判断材料に使えます。質問するのもされるのも、相手をよく知るためのものです。コミュニケーションとは会話のキャッチボール、恐れず質問に堂々と答え、また自分からも質問しましょう。そんな面接に過度の緊張を覚えることなく、楽しんでくださいね！

生涯収入を最大化させる就活の技法
その5 就活のゴール

内定を得た後は

就活は内定がゴールです。ここまで順調に就活を進めてきた皆さんでしたら、きっと内定を得ていると思います。自分は1社しか内定取れていないけど…と落ち込むことはありません。就活は沢山の会社から内定を取得するゲーム、ではないからです。1社取れれば万々歳。本当に素晴らしい成果です。

最初は、「会社や商品、サービスが何となく気になる」、といった「興味・関心」の企業選びから始まった就活も、終わってみれば「この会社に入ってみたい、仕事をしてみたい」まで気持ちが高まったと思います。そうでないと、面接を勝ち抜くことはできず、なかなか内定まで辿り着けませんからね。

就活が終わってみると、入りたい会社から複数の内定を獲得できた。これは悩むと思います。どの会社が自分に合っているのか、相応しいのか、今後の人生を良いものにするのか。将来のキャリアは誰にも予測できません。それでも1社だけに絞る必要があります。

内定後の選択

入社する会社を決めたら、他の会社には内定辞退の連絡をしなければなりません。せっかく数多の就活生の中から選んでくれたのに、なんか悪い気がする、気が引ける、悩ましい、と考え込まなくていいです。企業側には採用計画がありますから、その年の採用人数に応じた内定者を出しています。一人や二人に辞退されても計画通りです。

内定を辞退する会社には、事実をメールなり電話なりで伝えましょう。**「内定をいただいていた別の会社に就職することを決めました。内定を辞退させていただければと思います」、これで何の問題もありません。**

採用担当者の人事評価に影響が出る中堅企業や、そもそもの応募人数が少ない中小企業だと、内定辞退を引き留めようとしてくるかもしれません。その場合によく言ってくるセリフの一つに、「うちを第一志望と言ったじゃないか！」があります。もちろん、無視して結構です。ラブレターをきっかけに何度も面接というデートを重ねた相手でも、人の心は移り変わっていくものですから。「御社を受けた後、複数社のお話を聞き、検討した結果、他社に就職することに決めました」と事実を述べればいいです。

面接のときに、どの会社にも「内定を頂けたら御社に決めます」と言っていると思いますが、どの就活生もそう熱意をアピールしていますから、気にする必要はありません。「御社が第一志望です！」、「御社以外は今日すべて断ります！」と断言していた場合でも同様です。「検討した結果、他社に就職することに決めました」で構いません し、メールや電話で伝えれば十分です。

稀に、「メールや電話で内定辞退を伝えてくるとは失礼千万、断りを入れるなら直接言いに来い」と威嚇してくる採用担当者もいるようですが、もちろん無視です。そんな要求を就活生にしてくること自体、失礼千万ですから。

ただ、しつこいどころか執拗に他社の内定辞退を迫ってくる「オワハラ（就活終われハラスメントの略。企業が内定を出した就活生に対し、他社の選考辞退を半ば強要して自社の入社へ圧力をかける行為）」は対策しなければなりません。結論は無視しろ、ですが。

オワハラに遭ってしまったときは

前提として、内々定や内定は承諾した後でも、辞退することに何ら問題ありません。企業側に就活を無理矢理終わらせる権利はないため、何を言われようが無視してメールや電話で辞退を伝えれば終わりです。

とはいえ、もしオワハラに遭ってしまった場合、内定辞退も精神的な負担になると思います。「マイナビ　２０２４年卒　学生就職モニター調査　4月の活動状況」によると、就活生の15％近くがオワハラに遭ったことがあると回答しています。弁護士等の法律事務所が提供する内定辞退代行サービスを使うのもアリですが、その前に内定の基本的な考え方を確認しておきましょう。

・内定に法的な拘束力はない（内定承諾書にサインした後に辞退しても法的に問題

なし！）
・内定者に賠償責任はない（損害賠償請求するぞ、は単なる脅し！）
・入社するかどうかは内定者の自由意志である（何人たりとも強制できない！）

憲法で保障されているのが職業選択の自由ですから、企業側が強要、懐柔、脅迫してきても取り合う必要はありません。オワハラは企業側の明確なルール違反です。どこに入社するか決める権利は自分にある。オワハラは国が保障していることである、ということを覚えておいてください。

オワハラは事前に就活生側で防ぐことは難しいため、実際にオワハラに遭ってしまったときの対処法を確認しておきます。この4つを確認・実践すればオワハラ対策は完璧です。

・負けないこと（はっきりと意思表示！）
・無視すること（スルースキル！）
・相談すること（困ったら大学のキャリアセンターに相談！）
・入社しないこと（オワハラしてきた会社には決して屈しない！）

オワハラをせざるを得ない企業は、それだけ就活生の確保に躍起となっている、採用状況が厳しい会社です。人手不足の売り手市場ですから同情したくなりますが、将来の社員になるはずの就活生にいらぬプレッシャーをかけてくる時点で、こちらからお見送りにするのが賢明です。社員を大切にする「働きやすさ」がまるでない会社だと思われますので。

さすがに内定式直前や大学4年生3月末といった入社日直前に辞退するのは常識的ではないので、就活を終わらせるタイミングで必ず1社だけに絞ってくださいね。

自己決定を最適な選択にする

1社だけに絞れと言われても、複数社からどう選択すればいいのかわからない。本書をここまでお読みであれば、そう贅沢な悩みを持つ就活生も多数出ていると思います（出ているといいなぁ）。**「その2．就活先の選択」**での、企業を3軸公式で◎○△評価した36の確認項目を参考にするのも手です。単位を合わせて数値で比較するのは煩悩ではありますが、それも考え方の一つです。

その他にも、

・各企業に就職した場合のメリット・デメリット比較表を作成する。
・身近な社会人の先輩に聞いてみる(親は辞めておきましょう)。
・大学のキャリアセンターやキャリアコンサルタントに相談してみる。

と、いろいろあります。

最終的に、どの企業に就職するのかを決めるのは自分です。そして、どの企業へ入社するのかの選択に、絶対的な正解はありません。

誰かの意見に従って就職先を決めるのは、一時的には楽であっても、就職後に「こんなはずじゃなかった」と壁にぶつかったとき、「あのとき、自分で決めておけば…」、「あの人の意見に従ったせいで…」と後悔するかもしれませんし、他人のせいにしたくもなります。そうならないためにも、自分の意思決定が正解になるように行動する。「キャリアを正解にする」思いがあればこそ、これからの仕事を楽しめ、会社に貢献でき、生涯収入の最大化ができる。会社にしがみつくのではなく、会社にぶら下がるのでもない。私たちのキャリアにどう会社を活かしていくのか、自分のキャリアを自分で切り開く「キャリア形成」のファーストステップこそが就活なのです。

選んだ道を正解にするのも不正解にするのも、すべて自分次第です。就活の最後の最後まで主体性を発揮するためにも、ここまでお伝えしてきた**①選択肢を広げる、②最適な選択をする、この2つの自己決定を大切にしてください**。人生100年時代、もはや新卒入社した1社だけでキャリアを終えられる時代ではありません。AIを代表とした技術革新による予測不可能・変化の激しい現代では、就活生の皆さんがきっと面接で質問に答えたであろう「5年後、10年後を見据えたキャリアプラン」は決してうまくいきません。

中長期的なキャリアプランが計画通りに進むのは全体の2割ほど、残り8割は思いがけない出会いや予期せぬイベントといった「偶然」の影響が強いと、キャリア理論の大家であり心理学者のクランボルツ博士が計画的偶発性理論で推定しています。先行きが不透明な現代を生き抜くためにも、「キャリアを正解にする」ために私たちが身につけておくべきもの。それは間違いなく「就活の技法」だと確信しています。

内定を承諾したら、あとは無事に卒業するだけです。そこからのキャリアは自分自身の力で切り拓いていきます。やり方は生涯収入を最大化する就活と同じ、①選択肢を広げる、②最適な選択をする、この2つの自己決定です。「キャリアを正解にする」と、偶然を取り込んだ様々な選択肢をポジティブに捉えて、自己決定したキャリアを最適な選択として悔いなく歩んでもらえたなら、人生の伴走支援者たるキャリアコンサルタントとしてこれ以上の喜びはありません。

あなたの就活の成功と生涯収入の最大化、そして自分自身でこの先のキャリアを歩んでいく道のりを、心から応援しています。

おわりに

「キャリアを正解にする」との覚悟を持つ

何回も出ていますが、私は新卒入社した会社を3年で辞めています。「自分の就活は本当に失敗だった、キャリアの選択を間違えた」と長年思っていました。その後の転職遍歴も酷く、市販の履歴書には収まり切らない「汚れたキャリア」のダメ人間、本気でそう思っていました。

ところが、このキャリアが自分にとって唯一無二の強みとなり、前作「年収300万円から脱出する転職の技法」へとつながっていき、今回また本書へもつながりました。

「就活の失敗も、その後の転職遍歴も、実は正解だった」

ITブラック四天王に入社したのも失敗ではなかったし、辞めたのも失敗ではなかったのです。「今思えば」3年間無理と無茶を強いられた結果、社会人基礎力、ポータブルスキルを磨け、ＩＴ技術も身に付けられ、いまだ仲の良い同期にも恵まれました。そこから20年の紆余曲折はありましたが、人生でやりたいことも見つかりました。でも、あのままじゃ心と身体を壊していたのは間違いないので、辞めたのもやっぱり正解でした。

そんなＩＴブラック四天王には、正直に言うと今でも恨んでいますが（笑）感謝もしています。３年で辞めたこともよかったと思います。あのとき会社を辞めたことで、転職の技法による「ちょいスラ転職®」を繰り返すきっかけとなり、「今思えば」生涯収入を最大化する就活と同じ、①選択肢を広げる、②最適な選択をする、この２つの自己決定を大切にすることで、生涯収入の最大化へと着実に近づいてます。

「キャリアを正解にする」との覚悟を持ってさえいれば、何が起きようともいずれ「今思えば」自身のキャリアを誇れるようになります。そのために「就活の技法」を身につけてほしい。それが転職10回した私の、心からの願いです。

最後に、本書の執筆にあたりご協力いただいた一般社団法人リベラルコンサルティング協議会の理事・会員の皆さん、本書のコンセプトに多大な影響を与えてくれた

「採用の王（X（旧Ｔｗｉｔｔｅｒ）アカウント：@saiyoking)」さんに心より感謝を申し上げます。

この本で少しでも多くの就活生の皆さんが、「自分らしいキャリア」を歩めるようになることを信じています。

２０２４年４月

森田　昇

【著者紹介】

森田　昇（もりた・のぼる）

10回転職したキャリアコンサルタント・中小企業診断士。一般社団法人リベラルコンサルティング協議会代表理事、株式会社あさみコンサルティングファーム代表取締役、株式会社ProsWork取締役、株式会社S取締役。日本能率協会マネジメントセンターパートナー・コンサルタント。

何の資格も技術もないまま就職氷河期の1998年に大学を卒業、社会人となる。新卒入社した当時のITブラック四天王を３年で辞めた後、２社目は１ヶ月で、３社目は２ヶ月で退職。サラリーマン生活20年間で10回の転職を経験し、年収の乱高下を味わうも「ちょいスラ転職®」と「就活の技法」で生涯収入の最大化へと着実に近づいている。著書に『売れる！スモールビジネスの成功戦略』（明日香出版社）、『年収300万円から脱出する「転職の技法」』（日本能率協会マネジメントセンター）がある。

読者限定無料特典

本書をお買い上げいただきありがとうございます。本書の内容をより深く理解していただくために、３つの読者プレゼントをご用意しました！

特典１：著者と採用の王による「就活の技法」徹底解説動画（60分）

本書を通して著者が読者のみなさんに何を伝えたかったのか、そのエッセンスやポイントを採用の王さんとインタビュー形式で動画にしました。今回のプレゼント用に新たに作成したオリジナル解説動画です。

特典２：３軸公式36項目の確認事項ワークシートPDFファイル

「就活の技法」の中でも、生涯収入を最大化する就活先のチェックリストである「３軸公式36項目の確認事項」を、ワークシートとして一覧化しました。簡単に印刷・自作できるように、PDFファイルでさしあげます。

特典３：「就活の技法」無料相談権

「３軸公式36項目の確認事項」が難しい、マインドが整わない、自己分析が足りない気がする、面接対策が進まない。そんな読者のみなさんに、一般社団法人リベラルコンサルティング協議会のキャリアコンサルタントによる無料相談を用意しました。

このURLにアクセスすると「３大特典」を無料で入手できます。
※上記は予告なく終了することがございます。

生涯収入を最大化する「就活の技法」

2024 年 6 月 10 日　初版第 1 刷発行

著　者――森田　昇

発行者――張　士洛
発行所――日本能率協会マネジメントセンター
〒 103-6009 東京都中央区日本橋 2-7-1 東京日本橋タワー
TEL 03(6362)4339(編集)／03(6362)4558(販売)
FAX 03(3272)8127(編集・販売)
https://www.jmam.co.jp/

装丁・本文デザイン――吉村朋子
本文 DTP―株式会社明昌堂
印刷・製本―三松堂株式会社

ISBN 978-4-8005-9214-9　C2034
落丁・乱丁はおとりかえします。
PRINTED IN JAPAN